JN301853

わしづかみシリーズ

管理会計を学ぶ

溝口 周二
奥山 茂
田中 弘 著

税務経理協会

読者の皆さんへのメッセージ

　会計学はいつ頃からあったのでしょう？　バビロニアのくさび形文字で会計記録が残されているのがわかっているので，会計学の起源は古くバビロニアまで遡れます。管理会計を初めて学ぶ皆さんに，どのような経緯で会計学から管理会計が発生してきたかについて，簡単に俯瞰してみましょう。

▷財産保全会計

　現代まで続いて，最も基本的かつ早期に実現した会計学の機能に**財産保全機能**があります。ヨーロッパ中世における荘園領主は荘園管理者に**管理責任**を委譲していました。荘園管理者は荘園における領主の財産や収穫物などの財産を保全する機能を果たすとともに，一方では領主から委託された財産の運用管理状況を領主に報告することが義務とされていました。

　荘園領主は荘園を飛び地で持っていたこともあり，家臣団とともに荘園を訪ね，荘園管理者が適切に業務を果たし，領主の財産を正直に管理しているかをチェックしていました。これは，現代の**所有と経営の分離**に類似している現象と言えます。

　領主は荘園経営の専門家ではありませんが，農具，家畜，建屋および牧場などを荘園管理者に提供していました。これは，現代では株式会社の出資者に相当し，プリンシパルと呼ばれます。

一方，荘園管理者は荘園の**運営責任者**として収穫物などの運営結果を荘園領主に報告します。これは企業における経営者に相当し，**エージェント**と呼ばれます。エージェントはプリンシパルから委ねられた財産を適切に運営し，その果実をプリンシパルに配分する必要があります。

エージェントが財産を保全し，適切に運用して私腹を肥やしていないことをチェックするのが**監査機能**です。会計学の最初で重要な**機能が財産保全会計および監査**ということになります。

▷業務管理会計
運営管理を委ねた荘園領主は一層の収穫物の増加を求めるようになり，そのために荘園管理者に**インセンティブ**として例えば収穫物の一定割合を与えるような契約を結ぶことを考えます。

荘園管理者は領主の財産保全に加えて，個別の農作業，牧畜，酪農などの仕事を調整し，これを金額ベースに展開した**予算管理**や**利益計画**などが，より良い業績獲得に重要な機能と認識します。このような手法を駆使して，荘園管理者は荘園内の収穫量を増やして自己の利益に資することができます。この機能を満足する会計手法が予算管理や利益計画のような業務管理を支援する会計（**業務管理会計**）ということになります。

業務管理会計は，現在進行中の生産・営業・財務等の諸業務と個別計画を総合的にかつ期間的に最適な計画として予算に反映し−**計画機能**−，実際の業務活動が予算に沿って執行されるようにそのプロセスをコントロールする−**統制機能**−ものです。

業務管理会計は，財務会計の**実績計算**に対し予算管理や利益計画のごとく**未来計算**が主体であり，業務の計画および統制という**経営管理機能**

を重要視するものです。

▷意思決定会計

　業務管理会計の機能に包まれるのは短期間の計画・統制，予算に組み込まれる修理および修繕計画などの**個別業務計画**が中心です。しかし，環境条件の長期的予測を踏まえ，企業の**将来構造を変化**させるような**合併，新規設備投資計画，資金調達計画，研究開発戦略等**の個別プロジェクトなどに対して会計が機能するのは**意思決定会計**の領域です。

　このような領域での意思決定は**トップマネジメント**が行い，これに対して意思決定を支援する会計情報を提供する役割が近年では強調されてきました。これは業務管理会計が伝統的な経営管理過程（計画と統制）に則った会計機能を中心に考察していたのに比較し，意思決定という行為それ自体を会計の中心機能と規定したのが意思決定会計の特質ということになります。

　財務会計の領域は法律や基準および原則で明確に定められています。これに比較して，管理会計の領域は業務管理および意思決定を支援するための計画と統制に関する会計情報の提供というように極めて**漠然**としています。

　ところで管理会計という言葉は，英語では Management Accounting（Managerial Accounting）という言葉もあったが，最近は少数派）と言います。これは Management（経営学）と Accounting（会計学）の融合領域を表す言葉と考えられます。こう考えると，管理会計の領域は経営学の発展と共に常に変化しており，その意味ではとらえどころがないかもしれません。

管理会計は当初アメリカから日本に導入された時には，企業では「**管理**」の意識が強く，訳語も管理会計となったのです。しかし，**その役割は単なる管理だけではなく，経営戦略までも含む多様な領域に拡大して**います。最近は，管理ではなく経営を使った「**経営会計**」という言葉も定着してきました。

　管理会計の基礎知識として，経営学における会計学の位置づけ，財務会計との相違，現実のケースなどについて本書ではわかりやすく説明しますが，**簿記の仕訳や難しい会計上の専門知識は要りません。心を開いて，好奇心を持ってこの本を読んでもらえば，管理会計の面白さの一端が分かるでしょう。**

　本書が初めて管理会計を学ぶ皆さんに良い道しるべとなってくれることを祈って止みません。知識は力ですが，それを得るには定められた時があります。それが，皆さんが本書を手に取った時なのです。

2010年2月22日

溝口　周二

Contents

読者の皆さんへのメッセージ

CHAPTER 1　管理会計の基礎知識
1. 管理会計ってどんな会計？ ……………………………………… 2
2. 会計学はどのように関連しているのだろうか ………………… 7
3. 管理会計はどんな役割があるの？ ……………………………… 9
4. 財務会計と管理会計 ……………………………………………… 13
5. 管理会計はどんな分野に適用されるのか ……………………… 14
6. 管理会計の基本的なフレームワーク …………………………… 16
7. 原価概念の種類 …………………………………………………… 18
8. 財務諸表目的で用いられる原価概念 …………………………… 19
9. 原価構成 …………………………………………………………… 20
10. 財務諸表目的および管理会計目的で用いられる
　　原価概念 ………………………………………………………… 22
11. 管理会計目的で用いられる原価概念 …………………………… 23
12. 管理会計目的で用いられる利益概念 …………………………… 26
13. 残余利益（レシデュアル・インカム） ………………………… 28

CHAPTER 2　財務情報分析の目的と技法
1. 何のために財務情報を分析するのか …………………………… 32
2. 収益性の分析 ……………………………………………………… 37

- **3** 安全性の分析……………………………………………49
- **4** 生産性の分析……………………………………………57
- **5** 成長性の分析……………………………………………64

CHAPTER 3　バランスト・スコアカード

- **1** バランスト・スコアカードの出現の背景………………74
- **2** ミッション，ビジョン，戦略…………………………77
- **3** バランスト・スコアカードの概要……………………79
- **4** バランスト・スコアカードの「バランス」の意味……82
- **5** バランスト・スコアカードでの因果関係……………83
- **6** 戦略マップの役割………………………………………85
- **7** バランスト・スコアカードの利用……………………87

CHAPTER 4　短期利益計画

- **1** 短期経営計画と短期利益計画…………………………90
- **2** 目標利益と予算…………………………………………96
- **3** 目標利益と変動費・固定費……………………………97
- **4** ＣＶＰ分析の役割………………………………………101
- **5** 損益分岐点………………………………………………105
- **6** 貢献利益アプローチ……………………………………109
- **7** 原 価 予 測………………………………………………113

CHAPTER 5　予算管理と責任会計

- **1** 予算の役割………………………………………………122
- **2** 予算制度の概要…………………………………………129
- **3** 予算編成の機能…………………………………………143
- **4** ゼロ・ベース予算と活動基準予算……………………148
- **5** 責 任 会 計………………………………………………150

目　次 ◆

CHAPTER 6　資金管理とキャッシュ・フロー管理
1. 資金管理の目的―経営計画と資金調達 ……………………160
2. 資金繰りと資金表（資金繰表）………………………………166
3. キャッシュ・フロー計算書の種類 ……………………………176
4. キャッシュ・フロー計算書の構造 ……………………………180
5. キャッシュ・フロー計算書を読むポイント …………………184

CHAPTER 7　原価管理
1. 原価管理への2つのアプローチ
　―原価維持と原価改善― …………………………………192
2. 標準原価管理 ……………………………………………………197
3. 原価管理への新たなアプローチ―原価企画― ………………213
4. 原価企画のプロセス ……………………………………………218

CHAPTER 8　差額原価収益分析
1. 差額原価収益分析の意義 ………………………………………226
2. ケース1：「特別な注文を受けるか否か」を判断して
　　　　　　みよう ………………………………………………230
3. ケース2：「製品・事業部・地域の廃止・撤退の可否」
　　　　　　を判断してみよう …………………………………234
4. ケース3：「製品を販売するか，廃棄するか，再製造
　　　　　　するか」について判断してみよう …………………240
5. ケース4：「アウトソーシングの是非」について判断
　　　　　　してみよう …………………………………………243
6. ケース5：「現時点で販売すべきか，さらに加工すべ
　　　　　　きか」について判断してみよう …………………249

CHAPTER 9　設備投資の経済計算

- **1** 設備投資の意思決定がなぜ重要なのか …………………254
- **2** 設備投資の目的 …………………………………………255
- **3** 設備投資の評価プロセス ………………………………256
- **4** 設備投資の経済計算の要素 ……………………………258
- **5** 設備投資の経済計算方法 ………………………………260
- **6** 新しい設備投資経済計算の考え方 ……………………272
- **7** ＥＶＡとは？ ……………………………………………276
- **8** ＲＯＩ，ＲＯＡ，ＲＯＥとは？ ………………………283
- **9** ＲＩとは？ ………………………………………………286

CHAPTER 1
管理会計の基礎知識

1　管理会計ってどんな会計？
2　会計学はどのように関連しているのだろうか
3　管理会計はどんな役割があるの？
4　財務会計と管理会計
5　管理会計はどんな分野に適用されるのか
6　管理会計の基本的なフレームワーク
7　原価概念の種類
8　財務諸表目的で用いられる原価概念
9　原価構成
10　財務諸表目的および管理会計目的で用いられる原価概念
11　管理会計目的で用いられる原価概念
12　管理会計目的で用いられる利益概念
13　残余利益（レシデュアル・インカム）

1 管理会計ってどんな会計?

「会計」にはソロバンや大福帳,お小遣い帳,簿記の仕訳のイメージが強いかもしれません。「会計係」と言えば,度の強いめがねをかけて,いつも下を向いて帳簿と格闘している人を思い浮かべるかもしれません。アメリカでは会計係をビーン・カウンター(豆を数える人－計算に細かい－)などと皮肉られることもあります。

この「わしづかみシリーズ－管理会計を学ぶ－」では**管理会計の面白**さについて会計を学んだことのない人にも伝えて,管理会計のなかにある**楽しさ,興味,知的興奮**などを皆さんと共有できれば嬉しいと感じています。管理会計の知識が増せば,**企業の合併,提携,新製品開発等の今世の中で起きていることを新聞の経済欄などで読んでも,その背景,物事の説明や解釈などもはっきりと理解できる**でしょう。

さて,「**会計**」の一番大事な機能は「**測る**」ことです。物理でも化学でも自然科学は対象を「測る」ことから始まります。

同じように,**会計学**もその本質は「**測る**」ことにあります。「測る」ためには物差しが必要です。これを**尺度**と呼びます。例えば,恒星間の距離を測る尺度は「光年」だし,時間や長さの尺度も決められています。**管理会計**は,会計と名がついている以上,**尺度は金額**ですが,それ以外に時間,長さ,重量などの量で測れる尺度や品質などの**質で測る尺度**も使います。

それでは**会計は何を測る**のでしょうか?

会計が**金額という尺度で測るもの(対象)は取引**です。これは企業の

Chapter 1　管理会計の基礎知識

外部との取引，企業の内部同士での取引も含みます。この取引は現在行われている取引から将来のある時点に発生する取引もあり，過去の取引，将来の取引に分けることもできます。現在の取引は一瞬後には過去の取引となってしまうので，ここではとりあえず時間の区分を過去と将来に分けて考えましょう。

ここで**管理会計をおおくくりに定義すれば，取引を対象に金額やその他の量や質という尺度で測ること**だとわかります。

> **専門用語を覚えよう！**
> ● **管理会計**──取引を対象に金額やその他量や質という尺度で測ること

ところで管理会計という言葉ですが，英語ではMANAGEMENT ACCOUNTING（MANAGERIAL ACCOUNTINGという言葉もあったが，最近は少数派）と言います。これはMANAGEMENT（経営学）とACCOUNTING（会計学）の融合領域を表す言葉と考えられます。

管理会計は当初アメリカから日本に導入された時には，企業では「管理」の意識が強く，訳語も管理会計となったのです。しかし，**その役割は単なる管理だけではなく，経営戦略までも含む多様な領域に拡大して**います。最近は，管理ではなく経営を使った**「経営会計」**という言葉も定着してきました。とは言え，この本では伝統的な**「管理会計」**という言葉を使いましょう。

Chapter 1では**管理会計の基礎知識**として，(1)管理会計の意義や目的，(2)実際に管理会計がどの領域で，どのように使われているかを分かりや

すく，図や事例などを使って説明します。

　管理会計の基礎知識として，経営学における会計学の位置づけ，財務会計との相違，現実のケースなどについて説明しますが，**簿記の仕訳や難しい会計上の専門知識は要りません。心を開いて，好奇心を持って**この本を読んでもらえば，管理会計の面白さの一端が分かるでしょう。

企業活動と経営学

　皆さんは会計学を学ぶに当たって，経営学という学問と会計学がどのような関係にあるのかがはっきりしないことがあるかもしれません。次の図は現実世界における**企業活動と経営学におけるそれぞれの学問との相関関係**を表したものです。

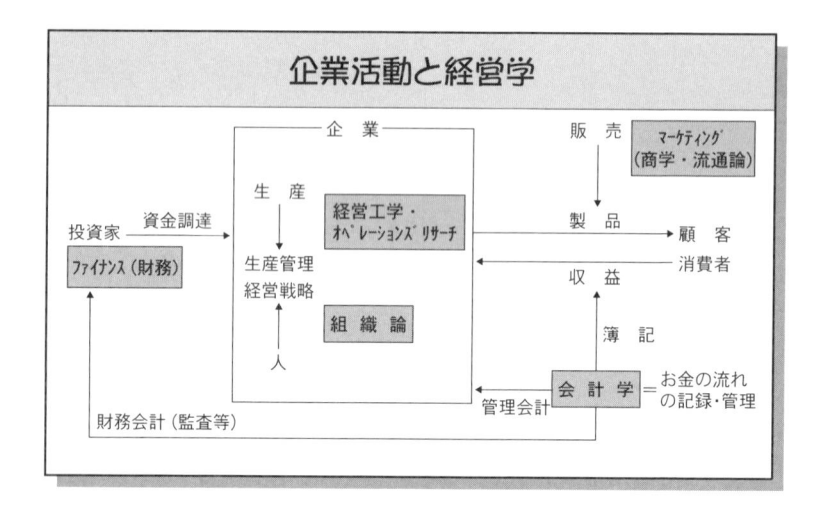

企業活動と経営学

```
                                              販売   ┌──────────────┐
                    ┌─企業──┐                      │マーケティング │
                    │  生 産  │                     │(商学・流通論) │
                    │    ↓    │                     └──────┬───────┘
        資金調達    │ ┌──────────┐                          │
投資家 ────────→   │ │経営工学・│          製品             ↓
  │                 │ │オペレーションズリサーチ│ ────────→ 顧 客
  │   ┌──────────┐ │ └──────────┘                         消費者
  │   │ﾌｧｲﾅﾝｽ(財務)│ │生産管理                    収益
  │   └──────────┘ │経営戦略                              簿 記
  │                 │ ┌──────┐                   ┌──────────┐   お金の流れ
  │                 │ │組織論│                   │ 会 計 学 │＝の記録・管理
  │                 │ └──────┘                   └──────────┘
  │                 │    人   │           管理会計      ↑
  │                 └─────────┘
  └─── 財務会計（監査等）────────────────────────┘
```

　企業活動は全体として**システム・フロー**と捉えることができます。図の真ん中の企業はインプットとして**資金**が投入され，その資金で**人間が雇用**され，**材料・部品・設備等が購入**されます。資金は労働力と設備資本に形を変え，企業というシステムが動くことで**製品やサービスを生産**

します。これがアウトプットです。

まず**企業内部**を考えてみましょう。企業が製品やサービスを生産しているので生産管理や物作りのための経営工学，オペレーションズ・リサーチという**工学系との融合領域の学問**が必要になります。

また，機械と同じように人間の集合である組織をうまく動かすために組織論，経営管理論，人事管理論などの人や**組織に関わる学問**が狭義の経営学として必要になります。

さらにアウトプットされる製品やサービスが販売されて付加価値が実現するので，売れる製品およびサービスに対するマーケティング，これをどのように運ぶかなどの**流通論の学問体系**があります。

会計学は**企業と顧客との取引を簿記という記録手段によって，企業全体の業績を測定する財務会計**と，**企業内部の人，物，金という経営資源の効率化を追求する管理会計**の2つの流れがあります。

会計学の2つの流れ

財務会計
　企業と顧客との取引を簿記という記録手段によって，企業全体の業績を測定する

管理会計
　企業内部の人，物，金という経営資源の効率化を追求する

財務会計のアウトプットである財務諸表は，企業の業績が一定の規則や法律などを守って，正しく財務諸表という形で示されているかについ

て，**監査**される必要があります。これが**監査論**という財務会計の領域です。外部による監査は**公認会計士**（または**監査法人**）が行い，**正しい手続きで財務諸表が作成されていることを証明**します。

　投資家はこの財務諸表を見て有望な企業に投資したり，銀行は融資を行い，**取引先は安心して掛け売りができるわけです。投資家による資金調達を研究するのがファイナンスという学問領域**で，ファンドという組織はこれを事業の中心に据えています。

　経営学や商学という大きな学問領域の中で，現実の企業活動と経営学に含まれる主要な学問領域について概観してみました。次には，もう少し会計学の理論と領域について詳しく見てみましょう。

Chapter 1　管理会計の基礎知識

2　会計学はどのように関連しているのだろうか

「会計学」には**財務会計と管理会計の２つの流れ**があることをおおまかに説明しました。それでは，会計学の理論および領域と現実社会はどのようにつながっているのでしょうか？

下の図は**会計理論と会計領域が現実世界とどのように関連しているか**を示した図です。

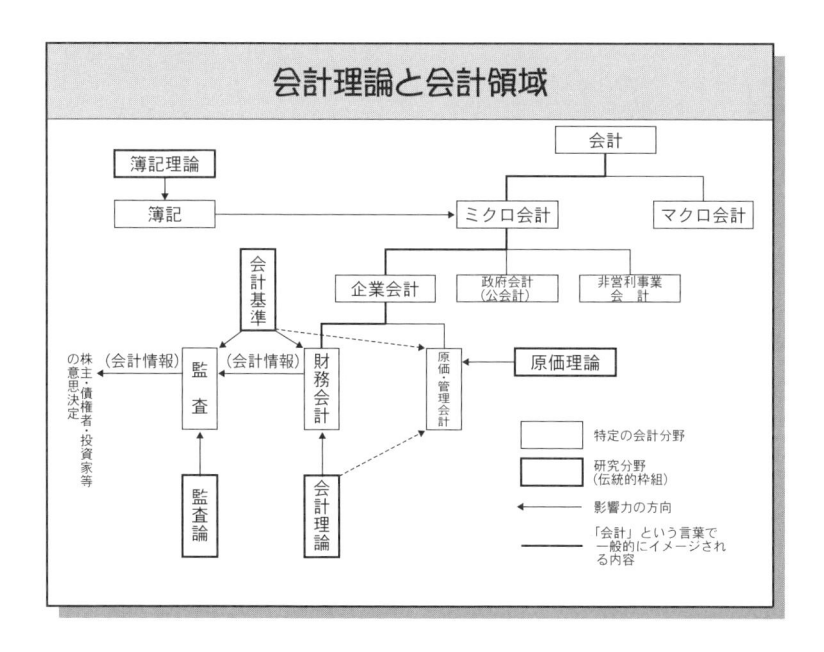

会計理論と会計領域

```
簿記理論
  ↓
 簿記  →  ミクロ会計  ←  会計
                        マクロ会計

会計基準
  ↓
 企業会計   政府会計   非営利事業
            (公会計)    会　計

（会計情報）  （会計情報）  原価・管理会計  ←  原価理論
株主・債権者・投資家等の意思決定
  ↓          ↓           ↓
 監査      財務会計      会計理論
  ↓
 監査論
```

凡例：
- □ 特定の会計分野
- □ 研究分野（伝統的枠組）
- ← 影響力の方向
- ━ 「会計」という言葉で一般的にイメージされる内容

会計の領域はマクロ会計とミクロ会計に大別されます。マクロ会計は経済学では**国民経済計算**とも呼ばれ，皆さんはＧＤＰ等の言葉で親しまれており，日本国の富を測るのに使われる会計領域です。

日本を例えば**日本株式会社**と考えれば，他企業と取引するのは輸入お

7

よび輸出と考えられます。一方，国内取引は日本株式会社内での部内取引と考えられます。

ミクロ会計は**企業会計，公会計，非営利会計**に大別されます。公会計は政府および地方自治体などに適用される会計です。また学校，病院および財団法人などの非営利団体に適用されるのが**非営利会計**です。企業会計は株式会社などの営利企業に適用される会計で，これからはこの企業会計を中心に会計を見ていきましょう。

これらの会計領域に適用される会計技法が，**取引を記録する「簿記」**であり，これを支えるのが「**簿記理論**」です。

財務会計および管理会計の基礎となる理論が会計理論ですが，これは財務会計と管理会計の機能に対応して，それぞれ**会計基準に代表される財務会計理論と原価理論に代表される管理会計理論**に分かれていきます。

財務会計理論から抽出される会計情報は，「**監査**」という手続きを経て正当化され，この会計情報が株主や債権者などの外部の第三者に有効に活用され，企業の価値が高まっていくわけです。

例えば，**カネボウ**の粉飾決算を見過ごした会計監査法人は社会的な責任を問われ，もうこの監査法人は存在しません。また**カネボウ**も**花王**に買収されてしまいました。会計の倫理性，透明性は社会規範の中で磨かれ，研ぎ澄まされて，外部の投資家による信頼を勝ち得ているのです。

3　管理会計はどんな役割があるの？

　管理会計とは何か？と聞かれるとなかなか答えにくいものです。というのは，**財務会計は企業会計原則や会社法などの規則や法律によってその役割が明確に定められている**からです。一方，**管理会計の役割はその目的によってさまざまな形をとる**ことがあります。

> 管理会計の役割：経営者や経営管理者にその目的に応じて計画と統制に必要な情報を提供すること

　それでは**経営者や経営管理者の目的**とは何でしょうか？

　一般的には**利潤を最大化**するのが企業の目的であり，経営者の役割とされます。経営学では**ゴーイング・コンサーン（企業は永続的に存続する）**という前提条件の中で，単なる利潤最大化を目指すのではなく，さまざまな利害関係を調整して満足する利益を得るというのが経営者の目的と言えます。

管理会計の対象領域：企業経営
　企業だけでなく政府，地方自治体，病院および学校などの**非営利組織などにも管理会計が適用**されるので，組織があるところはすべて管理会計の対象領域と考えても良さそうです。

管理会計の情報：財務関連数値またはそれに関連する非財務数値
　管理会計で生成される情報は会計数値が中心の**財務情報**と物量や時間が中心の**非財務情報**があります。いずれも数量で表せるものなので，**定量的情報**と言います。

ところがこれだけではなく，最近は数値で表せない**非数値情報（定性的情報**と呼びます）が重要となっています。例えば，品質や顧客満足度などの経営に重要な情報がこれに当たります。

経営管理者は経営者の目的に従って，効率的な経営を行い企業の利益，企業価値の増加に貢献するような行動をとることが考えられます。この関係を財務会計と対比して示したのが次の図です。

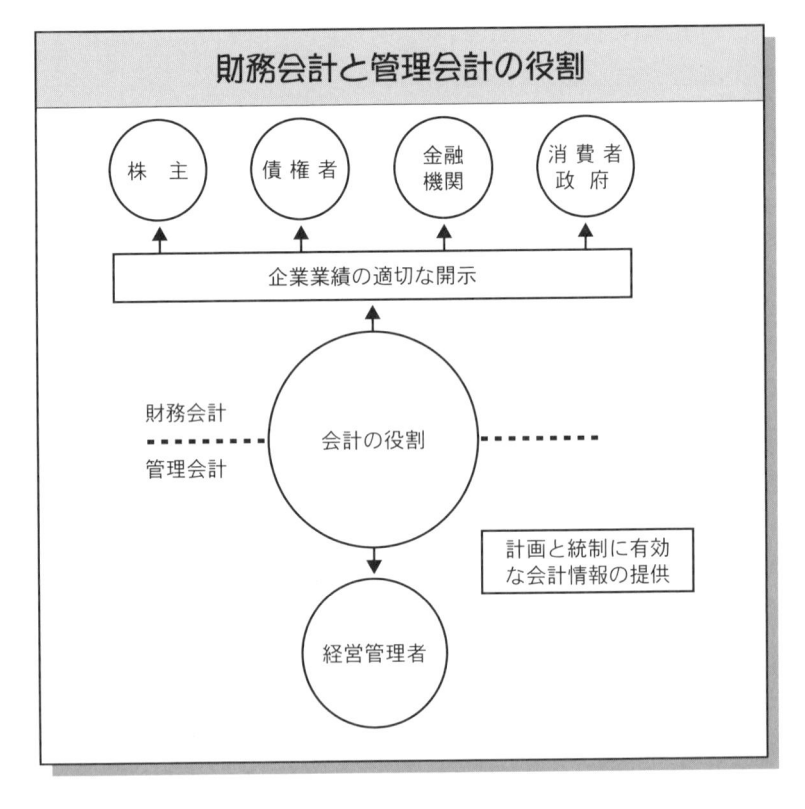

財務会計と管理会計の役割

```
  株主    債権者   金融機関  消費者
                          政府
   ↑       ↑       ↑       ↑
  ┌─────────────────────────────┐
  │    企業業績の適切な開示      │
  └─────────────────────────────┘

    財務会計  ┌───────┐
    ─ ─ ─ ─ ─│会計の役割│─ ─ ─ ─ ─
    管理会計  └───────┘
                  │        ┌──────────┐
                  │        │計画と統制に有効│
                  │        │な会計情報の提供│
                  ↓        └──────────┘
              ┌───────┐
              │経営管理者│
              └───────┘
```

財務会計の役割は，株主，債権者，金融機関，消費者および政府等に企業業績の適正な開示を行うことがその基本的な役割です。

管理会計の役割は，経営者や経営管理者に企業経営に欠かせない計画と統制のための適切な情報をぴったりあったタイミングで提供することにあります。

それでは，経営の中で計画と統制は具体的にはどういう役割を果たすのでしょうか？

経営活動とは材料・部品の調達，生産，販売，流通，顧客サービス，アフターケアなどのプロセスから成り立っています。このプロセスはさらにこれを構成する活動から成り立っています。

例えば，調達プロセスは供給者を選定する，材料・部品を発注する，搬入する，検査する，代金を支払うなどの大きな活動から構成されています。

こうした活動はさらに細かな活動に分解されます。いずれにしろ，このような**経営活動を行うには資源が必要**とされます。例えば，材料の発注という活動には発注者の時間(すなわち労働時間で表される人的資源)，それと電話に代表される情報資源が使用され，これらの資源が消費されて，初めてコストが発生するのです。

つまり，活動を行うには資源が必要とされ，**管理会計の計画機能はどの活動にどの程度の資源を割り当てるかという資源配分の機能**が中心となります。さらに，この資源配分の機能は今現在も含めて将来のどの期間に資源を配分するかという**期間配分も重要**と位置づけています。

将来の複数年に資源を割り当てるのが長期計画および中期計画と呼ばれ，経営者はこれらの計画策定に心血を注ぎます。将来の経済動向を見

誤った計画を立てると，企業の消滅に直結するからです。

　中期計画の初年度目が短期計画であり，これが予算編成と呼ばれる単年度の計画機能となります。単年度の予算執行を統制し，計画と実績のフィードバックを通じて年度業績の管理を行うのが経営管理者の役目です。

　このように管理会計情報は経営者や経営管理者の計画と統制のために必要な情報を供給するのです。

　気をつけねばならないのは，活動が資源を消費することでコストが発生すると書きましたが，**ムダな活動（例えば機械が故障したため作業者の手が空いた）でも，資源を消費する**（この場合には作業者による手空きの時間）ために，労務費という費用が発生することです。

　例えば，**トヨタ自動車**ではこのようなムダを廃した生産の仕組みを築き上げています。ムダ取りが結果的にコストを削減することになります。

4　財務会計と管理会計

財務会計と管理会計の基本的な相違をまとめると次のようになります。

財務会計と管理会計の相違

適用＼区分	財 務 会 計	管 理 会 計
情報の利用者	経営体の外部利害関係者	経営体の内部者
会計情報の特性	報告する会計（見せる会計）	利用する会計（見る会計）
会計情報の集約期間	一般的に1年	週，月，随時
会計情報の集約領域	企業全体	部署，セグメント，プロジェクト
報告書の形態	財務諸表	自由な内部報告書
依拠する原則	規範，法律，制度	目的適合性
実施の姿勢	制度的，強制的，義務的	自主的，ニーズ主導
主たる役割	利害調整，ディスクロージュア	計画と統制

5 管理会計はどんな分野に適用されるのか

管理会計が適用される分野を示したのが次の図です。

図は，左から右に研究開発，生産，販売，物流，メンテナンス等の価値の増加に寄与するプロセスが並んでいます。

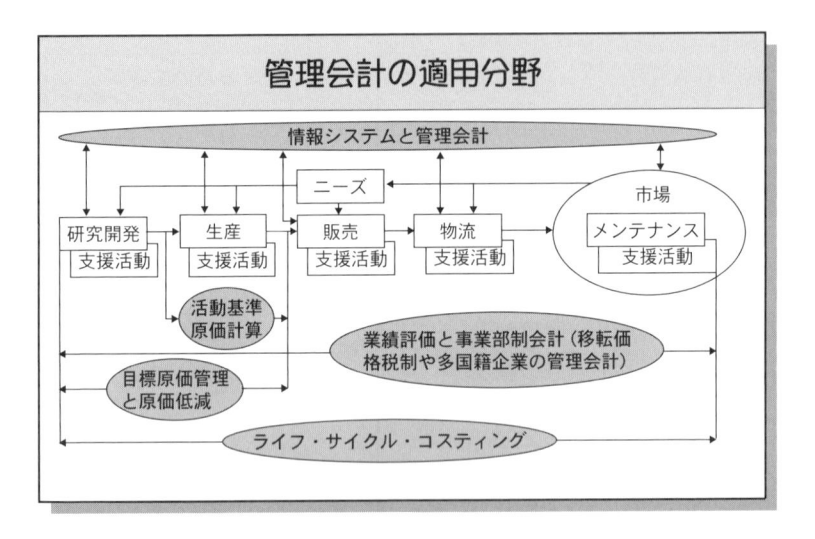

管理会計の適用分野

情報システムと管理会計

ニーズ　　　　　　　　市場

研究開発支援活動　→　生産支援活動　→　販売支援活動　→　物流支援活動　→　メンテナンス支援活動

活動基準原価計算

業績評価と事業部制会計（移転価格税制や多国籍企業の管理会計）

目標原価管理と原価低減

ライフ・サイクル・コスティング

これは企業が研究開発を行い，その技術や知識を使って材料を仕入れ，生産し，製品を販売し，それをお客様に届けて，その後のアフターサービスやメンテナンスを行うという**一連のプロセス（流れ）**を表しています。

プロセスが左から右に流れるにつれて，材料から製品に至るまでに**価値が付加**されていきます。雪だるまが雪坂を転げ落ちると雪がついて大きくなるように，材料が加工されて販売されるまでにさまざまな価値が材料に付加されて，価値が増加していきます。

Chapter 1　管理会計の基礎知識

　このようなプロセスで，管理会計はどのような役割を果たし，どのような貢献をするのでしょうか？

　これらプロセスの全域をカヴァーする**情報システムに関する投資意思決定や情報コストの計測**に管理会計が適用されます。最近はネットワーク対応のシステム構築に関する投資対効果の計測が大きな話題になっています。

　正確な製品原価を計算するためには，活動基準原価計算が有効ですが，これは伝統的な原価計算に対して**活動自体の原価を測定**するところに大きな特徴があります。例えば，製品検査活動のコストは1個当たり12円というような計算が可能となるのです。

　生産開始前の目標原価は原価企画と呼ばれ，日本発の管理会計の重要な技法であり，コンセプトです。例えば乗用車の製造原価は，目標となる顧客の受容できる価格を調査し，これから目標利益を控除して目標原価を決めます。目標利益は企業の中期計画などから決めます。

目標原価＝目標価格－目標利益

　この目標原価は，近年では販売後のメンテナンスおよび製品の処理・処分のコストまで計算した原価を見積もることもあります。**ライフサイクル・コスティング**がこれです。

　さらに企業の経営プロセス全般を通して，**事業部の業績評価や企業内取引に関する価格設定（振替価格）**などが管理会計の重要な適用領域となります。

6　管理会計の基本的なフレームワーク

　財務会計と管理会計を比べて，とりわけ両者間の概念の異なるものとして，次に示す6概念をあげることができます。

▷**実体概念**

　誰が，またはどこが**会計という行為をする主体**かを示すのを実体と言います。財務会計が会社全体を会計実体として計算を行うのと対照的に，**管理会計においては管理および報告上の責任中心点，あるいはプロジェクト等の会計実体**が用いられます。この実体計算は，将来の個別計画に属し未来数値を中心とするので，実績にもとづく財務会計資料から整理・再編成して求めることは不可能です。

▷**貨幣測定概念**

　財務会計では各種経営活動を表示する統一的な測定・表示単位として，貨幣が中心です。しかし**管理会計では，非貨幣的で量的な測定資料（長さ，重さ等の量的単位，時間，財務および業務活動の諸比率，財務諸表にもとづく経営分析比率等）が貨幣的測定・表示**を補っています。

▷**原価概念**

　財務会計では原則として原価主義にもとづく実際原価が用いられます。一方，管理会計における原価概念は内部報告に用いられ，**実際原価だけではなくより広義に解釈され，機会原価，付加原価その他特定の経営者の決定に関する諸原価等の原価概念**が含まれます。これについてはこの後にさまざまな原価概念の項で詳しく説明しましょう。

▷**実現主義概念**

　財務会計では経営活動の実績は期末で判明しますが，管理会計では過

去よりも未来の経営業績に注目されます。したがって**実現主義は実績よりも事前計画的にとりあげられます。**

▷ **対応概念**

　財務会計においては，一定の会計年度にもとづいて，製品対応や期間対応の対応概念が存在します。しかしながら，管理会計において製品実体概念やプロジェクト実体概念がとられる場合には，**費用・収益の対応は1会計年度というよりは，製品やプロジェクトのライフサイクル全体に関連して対応づけられる場合も多くなってきています。**

▷ **客観性**

　管理会計では，報告書作成目的への適合性が非常に重要ですが，**合目的である場合には，財務会計にくらべて主観性がはいりこむ余地が大き**いと言えます。

7 原価概念の種類

　原価概念は大別して**財務諸表目的**で用いられる原価，**管理会計目的**で用いられる原価，**両者の目的**で用いられる原価の3種類があります。まず財務諸表目的で用いられる原価概念について，見てみましょう。

8 財務諸表目的で用いられる原価概念

　原価計算基準には**原価の本質**として，①経済価値の消費，②一定の給付に転嫁（てんか）される価値（一定の給付とは1個当たり，1kg当たり等の原価を測定する単位を言います），③経営目的との関連性，④正常的に発生することがあげられています。

　ストライキや事故などで，通常の経営活動が行われていない時の原価は正常な原価ではなく，**非原価**として位置づけられます。

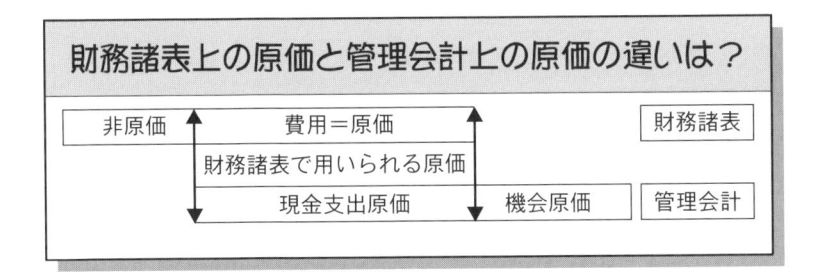

```
財務諸表上の原価と管理会計上の原価の違いは？

| 非原価 |←   費用＝原価   →|          | 財務諸表 |
         |←財務諸表で用いられる原価→|
         |← 現金支出原価 →|← 機会原価 →| 管理会計 |
```

> **専門用語を覚えよう！**
>
> 　財務諸表で用いられる原価概念は現金が支出される原価であり，管理会計で用いられる原価概念はさらに現金支出を伴わない機会原価（後述）を含みます。

9 原価構成

原価構成は下図に示すとおりです。

						原 価 構 成					

			利益	販売価格
		営業費	総原価	
	製造間接費	製造原価		
	直接経費			
直接労務費	素価(そか)	製造直接費		
直接材料費				

原価は発生形態によって**材料費**，**労務費**，**経費**に区分されます。また，製品製造に関して直接的な関係がある（例えば目で見て分かる，材料の形状が製品の一部として識別できるなど）原価を**直接費**，そうではない原価を**間接費**と呼びます。

素価(そか)は**直接労務費と直接材料費の和**で示されます。これに**直接経費**（例えば外注費等）を加えた原価を**製造直接費**と呼びます。

一方，汎用機械の減価償却費や工場の光熱費などの原価は特定の製品製造に関係しないので，これらの間接費を総称して**製造間接費**と言います。

製造原価はこの製造直接費と製造間接費の和で示されます。製品は営業活動を経て顧客に届けられます。そのための**販売費および一般管理費などの営業費**が製造原価に加えられた原価を**総原価**と言います。

この時，営業費は製品には直接に関連しないのですが，会計期間に割り当てられる原価として**期間原価**と呼ばれることもあります。最後に，総原価に適切な利益を加えて**販売価格**になります。

10 財務諸表目的および管理会計目的で用いられる原価概念

両者の目的で用いられる原価に**標準原価**があります。その原価概念の構成は前述の財務諸表で用いられる総原価構成と同様です。

11 管理会計目的で用いられる原価概念

　管理会計目的ではさまざまな原価概念が用いられます。以下，重要な原価概念について説明していきましょう。

(1) 機会原価と現金支出原価

　現金支出原価は財産の変化をもたらしますが，機会原価は計算上の数値です。**機会原価とは代替案の選択により犠牲にされた価値**を言います。

　例えばA案を採択すると5億円の利益が見込まれ，B案ではリスクが高いが10億円の利益を見込めるとしましょう。経営者がB案を選択すると（A案を選択する機会を放棄した）5億円の機会原価が発生したこととなります。

(2) 差額原価と無関連原価または埋没原価

　差額原価とは代替案の選択によって作業態様（設備，生産方法等）の変化が生じ，それによってどの程度総原価が増減するかを示す測定値です。一方，**無関連原価**または**埋没原価とは代替案のいずれかを選択しても，作業態様が変化せず，総原価の増減を伴わない原価**です。

　例えば，新製品を生産するラインをいくつ作るかの代替案について検討する場合に，生産ライン数は総原価に影響するので差額原価となります。しかし将来の総原価に影響を及ぼさない既存ラインの投資額は無関連原価または埋没原価です。

(3) 限界原価

　限界原価とは操業度の変化によって変化する原価です。例えば次の例を見てみましょう。

	生　産　量	総原価（百万円）	限界原価（百万円）
1年	0	40,000	—
2年	10,000	48,000	8,000
3年	20,000	55,000	7,000
4年	30,000	61,000	6,000

　1年ごとに限界原価は10億円ずつ減少していることから，この**費用線は線形ではなく次第に原価が低減**していることが分かります。すなわち，**限界原価が低減**しているのです。このような関係から，例えば2年目で価格を1個6円と設定すれば，2年目と同額の利益を得るためには3年目の価格はどこまで低減されるか？　という問に3.35円まで下げられると答えることができます。これは，次のように計算されます。つまり，$20,000X - 55,000 = 6 \times 10,000 - 48,000 = 12,000$，$X = 3.35$です。

(4)　変動費と固定費

　変動費は操業度と比例して増加する原価で，**固定費は操業度の変化に対して変化しない原価**です。これは後述の**損益分岐点分析**や**直接原価計算**に使われる原価概念ですが，いくつかの前提があります。第1は**生産容量が適正**なことです。第2はこのためにある適切な生産量の範囲内では**変動費も固定費も線形**と仮定されます。第3はこれらの前提が効果を持つには**短期（1年）に限定**されると言うことです。

　こう考えると単位当たり変動費は前述の単位当たり限界原価の特殊な場合となり，適正な生産容量の範囲内では結果的に一致します。

(5)　全部原価と部分原価

　全部原価とは**全部原価計算で計算された原価**であり，前述した**製造原**

価を指します。一方，**部分原価とは全部原価以外の原価**です。例えば，**直接原価計算で，変動費のみから計算される部分原価**は製造原価と規定されます。財務諸表目的では全部原価が報告対象となり，部分原価は報告対象とは認められません。

(6) 管理可能費と管理不能費

この分類は**責任会計**にもとづく分類で，**誰がまたはどの組織が原価のどのレベルまで管理できるかどうかを示す**ものです。例えば工場長は自工場の機械設備の改廃から発生する原価については**管理可能費**ですが，全社的な研究開発施設の改廃から発生する原価は**管理不能費**となります。社長は全ての原価発生に対して，管理可能と言うことになります。

(7) 延期可能原価と延期不能原価

将来かならず発生しますが，例えば来期まで延期可能であるような修繕費等が**延期可能原価**としてあげられます。直接材料費および直接労務費などの直接費は**延期不能原価**です。

(8) 将来原価と歴史的原価

将来原価は例えば標準原価や将来における予定原価を示しますが，**歴史的原価**は財務諸表作成目的で用いられる原価です。

12　管理会計目的で用いられる利益概念

　企業の経営活動内容の多様化によって，部門別業績の明確化が求められるようになってきました。部門別業績評価の目的として，以下の3点を挙げることができます。

部門別業績評価の目的

① 経営者の戦略的意思決定への情報提供
② 経営者による部門管理者の管理業績の評価
③ 部門管理者の行う管理への役立ち

　このためにさまざまな**利益概念**が業績評価に用いられますが，最も基礎的な計算図式である，**事業部制における利益概念**をあげて考えてみましょう。

4つの利益概念

```
        売上高
    －）変動費
        限界利益
    －）管理可能固定費
        管理可能利益
    －）事業部所属のその他固定費
        事業部利益
    －）事業部外費用
        純利益
```

ここで売上高より変動費を控除した差益は，直接原価計算による損益計算上での「**限界利益**」と呼ばれ，**事業部長の操業度決定の直接的な指標**として重要な意味を持ちます。

次に，「**管理可能固定費**」とは，事業部長の命令によって短期の利益管理の対象となりうる固定費です。例えば，当該事業部における研究開発費，設計費，従業員訓練費，販売広告費等がこれに属します。これらの固定費は長期的な影響力を持ち，その支出は事業部長によって年度ごとに決められるので，これらの固定費を控除して「**管理可能利益**」が計算されます。「**管理可能利益**」は**事業部長の直接的な責任を示す利益概念**です。

次に，「**事業部所属のその他の固定費**」とは，事業部に帰属可能ですが，事業部において過年度において決められた長期にわたって発生する固定費であって，当年度における事業部長の決定によるものではありません。設備の減価償却費，保険料，固定資産税等がこれに属します。この種の固定費を控除して計算される「**事業部利益**」は，収益性評価目的には**重要な意義を持ちますが，事業部長の直接的な責任の範囲を示す利益概念とはいえません**。

最後に「**事業部外費用**」は，本部費や共通費の配賦額の負担を当該事業部が行うことを意味しています。この配賦額を控除した「**純利益**」は，その配賦方法が事業部の収益性測定を歪めない限り，収益性評価目的に対して意味があります。これに対して，事業部長の直接的な責任を示す業績評価値の測定においては，その配賦額は事業部長が本部資産や共通用役を利用した程度を明確に表現するように決められるべきであり，それが不可能な時は，純利益額は事業部長の責任範囲を表すには不適切な指標となります。

13 残余利益(レシデュアル・インカム)

残余利益は事業部の業績評価やプロジェクトの経済計算に用いられる利益概念です。これは,**ゼネラル・エレクトリック社(GE)**で考案された指標で,以下の式で表されます。

> 残余利益＝事業部等の営業利益額－事業部営業資産額×加重平均資本コスト率

上式の第2項で計算される金額は**付加原価(機会原価)**であり,**実際の現金支出はありません。**しかし,残余利益がプラスであると言うことは株主や債権者に必要な資本コストを配分したとしても,事業部の価値が増加していることを示しています。

簡単な例として,A事業部とB事業部の残余利益を次ページの図から計算してみましょう。資本コストが12%の場合にはA事業部の残余利益は200－1,000×0.12＝80となります。同様にB事業部は残余利益は150となり,B事業部の方が全社的な価値増加に貢献していると考えられます。しかし,資本コスト率が14%に上昇したらどうでしょう? 同様に残余利益を計算するとA事業部は60,B事業部は50となり,事業部の優劣関係は逆転します。

資本コスト率による残余利益への感度は高いと言えるでしょう。それだけ,この比率の設定は事業部の業績評価にとって重要と言うことになります。

Chapter 1　管理会計の基礎知識

	A事業部		B事業部	
使用総資本額	1,000		5,000	
年間営業利益	200		750	
12%，14%の資本コスト	120	140	600	700
利　　益	80	60	150	50

注）　資本コストが12%と14%の場合にはA，B事業部の残余利益は逆転する。

CHAPTER 2
財務情報分析の目的と技法

1 何のために財務情報を分析するのか
2 収益性の分析
3 安全性の分析
4 生産性の分析
5 成長性の分析

1 何のために財務情報を分析するのか

▷**財務情報分析は「会社の健康診断」**

　普段は健康に自信がある人でも，友人や家族・同僚といった身近な人が健康を害したり入院したりしますと，急に，自分の体のことが心配になるものです。ましてや，普段から体調が悪かったり病気がちだったりしますと，熱が出たり食欲が落ちるなど，ちょっとした体の異変でも，大きな病気の前兆ではないかと心配になるものです。

　会社も同じです。同業の，ほぼ同じ規模の会社が何の前触れもなく倒産でもしますと，自分の会社にも同じ病魔が巣食っているのではないかと考えますし，売上げが落ち込んだり，資金繰りが苦しくなっているときには，自分の会社の将来に不安を感じたりするものです。

　私たちは，定期的に健康診断を受けたり，人間ドックに入って自分の体の健康度を調べたり，病気の有無を早期に知ることができます。体調が悪かったり，微熱がでたり，自覚症状があれば医者に診てもらい，悪いところがあれば処方箋を書いてもらって薬を飲んだり，手術を受けたり，健康を取り戻そうとします。

▷**財務情報を分析する目的の１つは，「会社の健康診断」**

　順調に売上げを伸ばしている会社が突然に破たんすることもありますが，きっと，わが社の成長を過信して，健康診断を怠ったのが原因ではないかと思います。

　戦国時代の武士のことばに，「**敵を知り，己を知らば，百戦危うからず**」というのがあります。現代流にいいますと，「敵」とは「競争相手」「お客様」で，「己」とは自分の会社です。商売敵やお得意様をよく知り，

かつ，自分のことを正しく理解しているならば，「百戦危うからず」，つまり，「百回戦っても，負けることはない」のです。自分を正しく知るということは，戦（いくさ）においても経営においても非常に大事なことなのです。

▷財務情報分析は，「問題発見──問題解決」

最近は，著名な会社や名門の会社が，ある日，突然のように破たんしたり廃業に追い込まれたりしています。最近の倒産事例をみていますと，会社の経営者や従業員でさえ，直前まで自分の会社が倒産することに気がつかないこともあります。

会社が倒産しますと，会社の経営者や株主はもちろん，従業員や取引先，会社に資金を提供していた銀行なども，大きな被害にあいます。

しかし，会社の倒産は，ある日，前触れもなく，突然にやってくるものではありません。普段から気をつけていれば，かなり前から経営がおかしくなる予兆があるものです。

多くの場合，そうした予兆は**会計データ（財務情報）**や**営業面**に現れます。例えば，「**売掛金が急激に増えた**」とか，「**倉庫の在庫や返品が増えた**」とか，「**現金預金が急減した**」とか，社内にいれば誰でも気がつくことが多いと思います。

▷経営者は自分の会社のことがわからない

ところが，証券取引所に上場しているような大規模会社でも個人経営の店の場合でも，経営者が自分の会社・店がどうなっているのかを知らないケースが多いのです。個人企業の場合は，経理のことは税理士の先生に任せきりにしていることも少なくありません。大企業の場合は，事業が世界規模であったり，工場が日本中に点在していたりして，わが会

社のことがうまく把握できないこともあるようです。

　しかし，どちらにしても，自分が責任を持って経営している会社です。会社の財務データを少し気をつけて見ていると，わが社の現状も，最近の動向も，さらには問題点まで見通せるのです。

　例えば，**月次の売上高が低下傾向にある**とか，**工場の電気代（電力消費量）が減ってきた**（稼働率が下がった）とか，**残業手当や販売員の交通費が増えた**（売上増加が期待できる）とか，ちょっと気をつけていれば，本社にいながらでも，製造部門や管理部門，販売部門の活動状況やその効率を把握することができるのです。

　財務情報の分析は，①何が問題なのか，⇒②何が原因なのか，⇒③どうやって問題を解決するか，⇒④問題は解決したか，⇒⑤新しい問題は発生したか，⇒⑥新しい問題への解法は何か……という順番で問題発見と問題解決を図るものです。⑤で，新しい問題が発生すれば，⑤から再び，①何が問題なのか，⇒②何が原因なのか，という問題解決のサイクルに戻ります。

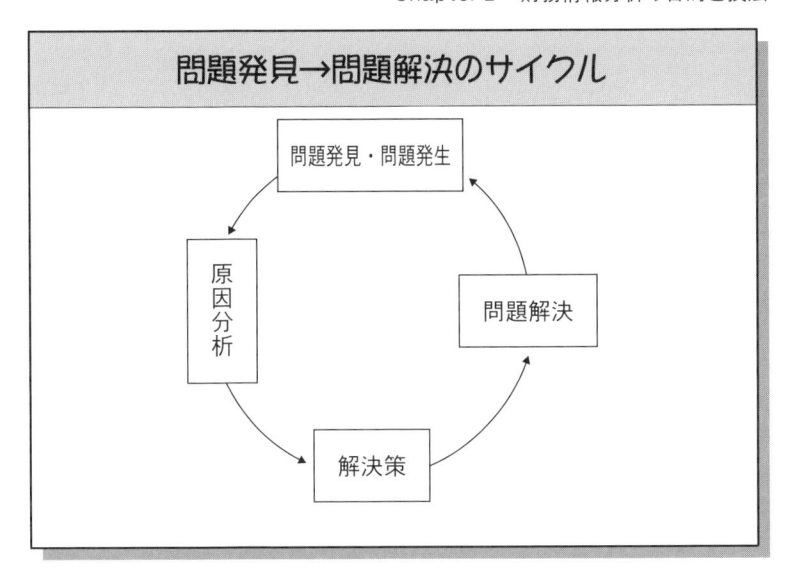

Chapter 2 財務情報分析の目的と技法

問題発見→問題解決のサイクル

```
問題発見・問題発生
   ↓        ↑
原因分析   問題解決
   ↓        ↑
     解決策
```

　問題を発見する技法は，多くの場合，一般化することができます。例えば，**売上高のデータ**を月次でとりますと，昨年と比べて増加傾向にあるのか減少傾向にあるのかがわかります。利益率が良くなったかどうかを調べるには，**資本利益率**や**売上高利益率**を計算すればわかります。問題点を見つける方法としては，どこの会社でも使える技法がいろいろ開発されているのです。

　ところが，そうして発見された問題をどうやって解決するかは，どの会社にも当てはまる技法というものがありません。例えば，売上げが落ちてきたという「お米屋さん」があったとします。そのお米屋さんの売上げがなぜ落ちてきたのかを具体的に調べてみませんと，適切な解決策が立てられないのです。

　お米屋さんの近くにスーパーができて，スーパーの方が安く米を売っているということもあるでしょう。別のお米屋さんが御用聞き（1軒ご

35

とに注文を取りにくる）に回っているといったこともあります。あるいは，自分の店には「無洗米」を置いていないことが原因かもしれません。もしかしたら，店に駐車場がないことが原因かもしれません。店の雰囲気が暗いとか，店番をしている店員が横柄だとか，重い米を駐車場まで運ぶのを店員が手伝ってくれないとか，いろいろな原因が積み重なっているかもしれません。

売上げが落ちてきたということがわかっても，その原因が非常に多岐にわたるために，解決策は店ごとに違うのです。駐車場を増設すれば解決することもあり，店の模様替えか店員の教育で売上げが増えるかもしれません。実験的に「無洗米」を置いてみるのもいいでしょう。立地を変えないと売上げの減少を止められないかもしれません。

財務情報の分析は，何が問題か，どこに問題があるか，何が原因なのかという問いに答えを示してくれます。つまり，これから紹介する多く**の計算式や指標は「問題を発見する」ためのもの**です。発見された問題に対する解決策の多くは，経営の現場で見つけ出されるものです。解決策を実行して，問題が解決したかどうかは，もう一度，新しい財務情報を分析することで明らかにされるのです。

それでは，以下，わが社の健康診断と問題発見のための，さまざまな分析手法と指標を紹介します。ここで紹介するのは，**収益性の分析**，**安全性の分析**，**生産性の分析**，**成長性の分析**の技法と指標です。

2 収益性の分析

企業経営がうまくいっているかどうかは、第1に、経営の**収益性（収益力）**に現れます。経営の収益性を知る指標としては、一般的に「**資本利益率**」が使われます。この比率は、元手をどれだけ使って、どれだけの利益を上げたかをパーセンテージで示すものです。**資本の効率**といってよいでしょう。

$$資本利益率 = \frac{利益の額}{資本の額} \times 100 (\%)$$

（計算の結果を％で示すために、100を掛けています）

この計算は、銀行預金や郵便貯金の利息（利子、金利）を計算するのと同じです。

$$預金の金利(利率) = \frac{利息}{元本} \times 100 (\%)$$

資本ということばは、いろいろな意味で使われます。経済学では、**資本財**などといって固定資産を表していますし、**基金**や**資金**の意味で使われることもあります。

会計で「**資本**」というときは、「**モノ**」ではなく、「**金額**」を意味します。会社の資金は、大きく分けて、会社の所有者である株主と、会社にお金を貸している債権者が出しています。株主が出した資金を「**自己資本**」あるいは「**株主資本**」と呼び、債権者が出している資金を「**他人資本**」と呼びます。

会社の所有者から見れば，自分が出した資金は「**自己資本**」であり，債権者のような他人（所有者である株主以外の者）が出した資金は「**他人資本**」なのです。

　会社の貸借対照表には，左側に所有する財産を，右側に財産を手に入れるための資金の出所が書かれています。右側には，資本を誰が出したかが書かれているのです。

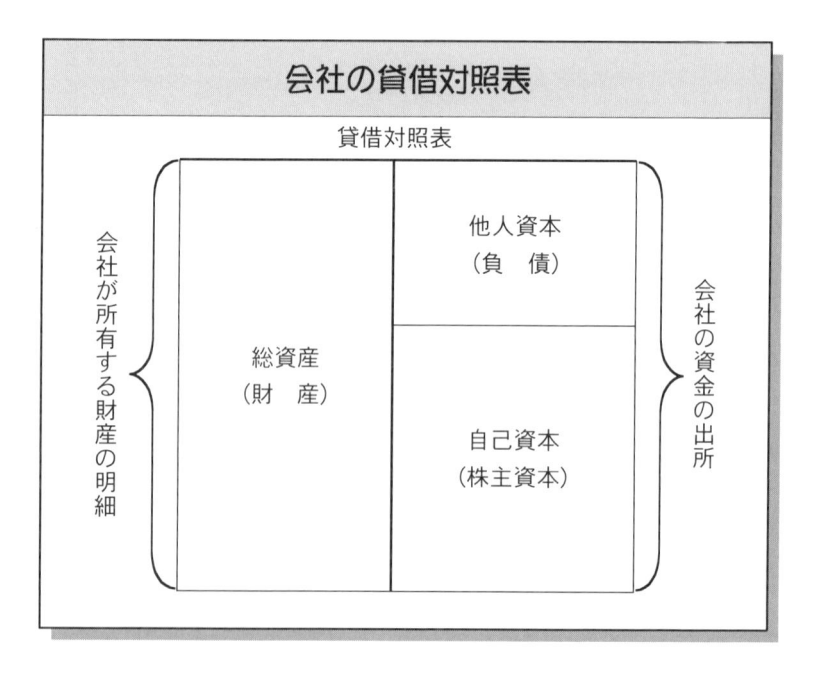

会社の貸借対照表

貸借対照表

｛会社が所有する財産の明細｝　総資産（財　産）｜ 他人資本（負　債）／ 自己資本（株主資本）　｛会社の資金の出所｝

▷総資本利益率は経営者にとっての利益率

　他人資本と自己資本を合計した金額が，「**総資本**」と呼ばれます。この金額は，会社が持っているすべての財産と金額的に同じですから，「**総資産**」の金額と一致します。

　経営者にしてみますと，株主が出した資本も銀行などから借りた他人

Chapter 2　財務情報分析の目的と技法

資本も，同じ資本です。みなさんが買い物に出かけたとき，財布の中に入っている1万円札が，自分のお金なのか友人から借りたお金なのかは関係なく，支払いをするでしょう。経営者も，株主の資本なのか銀行からの借入金なのかを問わず，同じ資金として経営に使うのです。

そうした意味では，**総資本利益率は，経営者にとっての利益率**ということができます。経営者の総合的な収益獲得能力を見る指標ともいえます。この算式の分子には「税引き前当期純利益」を使いますが，これに「支払利息」を加算することもあります。なぜなら，支払利息も経営者が稼ぎ出した儲けから支払っているからです。

$$総資本利益率 = \frac{税引き前当期純利益}{総資本} \times 100 (\%)$$

▷**自己資本利益率は株主にとっての利益率**

これとは別に，**株主にとっての利益率**を計算することもできます。この場合は，資本として**株主資本（自己資本）**を使い，また，利益としては税金を払った後に残る額，**税引き後利益**を使います。株主への配当は，この税引き後利益から支払われますので，株主にとって重要な利益率です。税引き後利益は，損益計算書の末尾に「**当期純利益**」として表示されています。

$$株主資本利益率 = \frac{税引き後利益}{自己資本} \times 100 (\%)$$

▷純利益を計算する方法

　では，会社の利益はどのようにして計算するのでしょうか。

　会社の利益の素は，商品や製品の売上代金です。**売上高**といいます。売上高から，商品の仕入代金や製品の製造原価を差し引くと，おおざっぱな利益が計算できます。これを経営者は**粗利益**とか**荒利（粗利）**と呼びます。会計では**売上総利益**と呼んでいます。「仕入・製造・販売活動の利益」といってもいいでしょう。

　粗利益とか総利益という表現を使うのは，まだ差し引いていない費用が他にあるからです。例えば，従業員の給料，店舗の家賃，電気代や電話代，広告費などです。こうした費用を，「**販売費および一般管理費**」と呼びます。

　売上高から商品・製品の原価を引き，さらに販売費および一般管理費を差し引きますと，その会社の**本業の利益**を計算することができます。**トヨタ自動車**や**日産自動車**であれば，自動車やその部品の製造・販売によって得られた利益です。本業の利益を「**営業利益**」といいます。「主たる営業活動による利益」という意味です。

　会社は，主たる営業活動とともに，従として，**金融活動**を行います。例えば，営業に必要な資金を，銀行から借りたり，株式や社債を発行して調達したりします。また，一時的に余裕がでた資金を株式などの有価証券に投資して配当収入を得るといった活動です。こうした活動の損益を「**営業外損益**」と呼びます。「主たる営業以外の活動からの損益」という意味です。

　「主たる営業活動による利益」に，この営業外損益を加減（営業外収

益をプラスし,営業外費用をマイナス)しますと,その年のトータルな利益が計算されます。これを「経常利益(けいじょうりえき)」といいます。

ここまでの計算の過程を示したのが,次の**損益計算書の部分**です。

損益計算書		
売 上 高		100
売 上 原 価	(−)	60
売 上 総 利 益		40
販売費・一般管理費	(−)	20
営 業 利 益		20
営業外収益	(+)	15
営業外費用	(−)	8
経 常 利 益		60

いろいろな段階で利益を計算するのは,会社の営業活動とその成果を,正確に把握したいからです。本業で大きな利益を上げていながら,金融活動で失敗した会社もあります。逆に,本業では利益を出せないけれど,金融活動で利益を上げている会社もあります。

また,粗(あら)利益をたっぷりかせいでいながら,販売費や一般管理費がかさんで利益を出せないでいる会社もあります。利益をいろいろな段階で計算しますと,「仕入・製造・販売活動」が効率的であったのか,**本業全体の「営業活動」がよかったのか**,「金融活動」がよかったのか,そうしたことがわかります。

▷**資本利益率の分解**

上に紹介した**総資本利益率**は,Ｒ Ｏ Ａ(アール・オー・エー)(return on assets)と呼ばれ,

株主資本利益率は，ＲＯＥ(アール・オー・イー)（return on equity）と呼ばれます。

ＲＯＥやＲＯＡを計算すると，総資本や自己資本の効率がわかります。今年の利益率は去年より上昇したとか，となりの会社よりいいとか，そういうことがわかります。しかし，利益率が向上しても悪化しても，この計算だけでは，なぜ良くなったのか，なぜ悪くなったのか，といったことがわかりません。結果は知ることができても，原因がつかめないのです。

そこで，資本利益率を分解してみることにします。ここでは，総資本を使いますが，株主資本を使っても同様の分解ができます。総資本利益率は，次のとおりでした。

$$総資本利益率 = \frac{利益}{資本} \times 100(\%)$$

この式の分母と分子を売上高で割り，掛算に直しますと，次のようになります。

$$総資本利益率 = \underbrace{\frac{利益}{売上高}}_{(売上高利益率)} \times \underbrace{\frac{売上高}{資本}}_{(資本回転率)} \times 100(\%)$$

式を分解しますと，**売上高利益率**と**資本回転率**に分けることができます。**売上高利益率**というのは，100円の売上げ（売価）の中に，何円の利益が含まれているかを％で示したものです。この数値を見ますと，

Chapter 2　財務情報分析の目的と技法

100円の中に利益が十分に含まれているかどうかがわかります。

　資本回転率というのは，総資本の何倍の売上げがあったかを示すもので，**倍数**で計算されます。総資本が1年間に何回転したかという意味でもありますので，**資本が回転した回数**といってもいいでしょう。

▷売上げの質を見るための売上高利益率

　同じ商品（製品も同じ）を売っても，いくらで売れたかによって，質のいい売上げとそうでない売上げがあります。例えば，仕入れ値が80円の商品を100円で販売するのと120円で販売するのとでは，利幅（粗利益）が倍も違います。売上げの中にどれだけの利益が含まれているかを示すのが，上で紹介した**売上高利益率**です。もう一度，算式をみてみましょう。

$$売上高利益率 = \frac{利益}{売上高} \times 100 (\%)$$

$$原価80円の商品を100円で販売した場合の利益率 = \frac{20}{100} = 20\%$$

　80円の原価に20円の利益を上乗せ（これを**マークアップ**といいます）して100円で，たくさんの商品を売ろうとするのを「**薄利多売**」といいます。薄利多売の道を選ぶか，たくさんは売れなくても1個について40円の利益を上乗せして利幅の大きな商売をするかは，資本の何倍の売上げがあるか（これは**資本回転率**といいました）によっても変わります。これについては，後で述べます。

43

また、売上げの質は、現金取引か掛け売りかによっても違います。現金売りは資金の回収という面から見ると一番安全です。資金繰りに失敗することもありません。しかし、顧客（お得意さん）とのつきあいを長く保ちたいなら、むしろ、掛け売りの方がよいともいえます。現金取引の客は、いつ取引先を変えるかわからないからです。

　同じ掛け売りでも、回収するのに長い期間がかかる場合は、質のいい売上げとはいえません。そこで、掛けで売られた商品代金が、1年間で何度回収されたか、また、その代金が回収されるのに平均して何日かかっているかを計算します。掛けで売って代金を払ってもらっていない金額を**売掛金**（うりかけきん）といいますが、掛けで売ったときに後日の支払を約束した手形（**受取手形**）をもらうこともあります。この両者を合わせて、**売上債権**といいます。

$$売上債権回転率 = \frac{売上高}{売掛金 + 受取手形} （回）$$

　回転「率」という名前が付いていますが、計算されるのは、何回転したかという「**回転数**」です。この回転数を使って、売上債権が平均して何日で回収されているかを計算することもできます。

$$売上債権回転期間 = \frac{365日}{売上債権回転率} = （日）$$

　回転率（回数）が大きいとき、あるいは、回転期間（日数）が短いときは、売上げの質もいいといえます。この回数が減ってきたり、回転期

間が長くなってきますと、資金繰りに支障が出てきますから、あまり質のいい売上げではないことがわかります。

▷いくら売れれば利益が出るか－損益分岐点売上高

ではいったい、どれくらい売れれば利益が出るのでしょうか。実際に、数字を使って計算してみましょう。

今、ビルの1階を借りてクリーニング店を始めたとします。店舗の賃借料が月に40万円、クリーニングに必要な装置一式のレンタル料が月に80万円、従業員の給料が月に45万円、広告費・電話代などの雑費が10万円かかるとします。洗剤、水道光熱費、配達費用などはクリーニング代金の30％になるとします。

店舗の賃借料から雑費までは、毎月、決まった額がかかります。合計で、175万円です。この費用は、お客さんが一人も来なくても、たくさん来ても、同じだけかかります。こうした性格の費用を「**固定費**」といいます。また、洗剤や水道光熱費（クリーニングに必要な水道や電気・ガスの代金）、配達費用は、お客さんが少なければ少なく、多ければ多くかかる費用です。こうした**売上高に比例して増減する費用**のことを「**変動費**」といいます。

このクリーニング店は、毎月、お客さんが来ても来なくても、175万円の固定費がかかります。お客さんが来て、100円のクリーニングをたのむと、30円の変動費がかかります。費用は、変動費と固定費の総額ですから、もしも、今月、一人もお客さんが来ないと、固定費の175万円だけ損失が出ます。

では、このクリーニング店は、毎月、いくらのクリーニング収入があ

れば利益が出るでしょうか。1か月に25日営業するとして、1日平均の売上高が8万円の場合を考えてみましょう。

1日8万円で、25日の営業としますと、1か月で200万円（8×25）の売上げということになります。このとき、固定費は、175万円ですが、変動費はいくらでしょうか。変動費は、売上高の30％ですから、200万円の30％で、60万円です。そうしますと、次のようになります。

$$売上高200 - \begin{pmatrix} 固定費175 \\ 変動費60 \end{pmatrix} = 純損失35（万円）$$

1日平均8万円では、このクリーニング店では利益が出ず、損失が35万円出てしまいました。

では、1日に、平均して12万円の売上げがあるとしましょう。25日で、売上高は300万円になります。このときも、固定費は175万円で変わりません。変動費は、300万円の30％ですから、90万円となります。このときの損益を計算してみますと、次のようになります。

$$売上高300 - \begin{pmatrix} 固定費175 \\ 変動費90 \end{pmatrix} = 純利益35（万円）$$

1日の売上げが12万円になれば、月に35万円の利益が出るのです。では、このクリーニング店の場合、損益がトントンになるのは、売上げがいくらのときでしょうか。

Chapter 2　財務情報分析の目的と技法

　1日に8万円の売上げですと，損失が35万円で，1日に12万円売りますと，利益が35万円でした。そうしますと，その真ん中の10万円あたりで損益がトントンになりそうです。

　では，計算してみましょう。1日の売上げが10万円ですと，月に25日，250万円です。固定費は175万円と変わりません。変動費は，250万円の30％，75万円かかります。

$$売上高250 - \begin{pmatrix} 固定費175 \\ 変動費\ 75 \end{pmatrix} = 損益ゼロ$$

　このように，このクリーニング店は，1日に10万円の売上げがあれば，収入と支出（または，収益と費用）が同額となります。このように，収支がトントンとなるところ，赤字から黒字に変わる峠のところの売上高を「**損益分岐点売上高**」または，単に「**損益分岐点**」といいます。

　クリーニング店の経営者は，100円のクリーニングをするたびに，洗剤などの変動費が30円かかりました。このとき，70円が残ります。

　100円の売上げから変動費を差し引いた金額，このケースでは100円の売上げごとに変動費を差し引いた70円を，**限界利益**といいます。前に紹介した「**粗利益**」とほぼ同じものです。

　この限界利益は，変動費を払って残る利益のことですから，これからさらに固定費を払わなければなりません。クリーニング店の経営者は，100円の売上げがあるたびに，30円の変動費を支払い，残った70円を貯めていって，固定費を支払うのです。

売上げが100円で70円，1,000円で700円，1万円で7,000円が残ります。10万円のときは7万円，100万円なら75万円，200万円なら150万円の限界利益が残ります。売上高100円の中に何円の限界利益が含まれているかは，**限界利益率**といいます。

$$限界利益率 = \frac{限界利益}{売上高} \times 100 (\%)$$

　100円の売上げがあるたびに限界利益の70円を貯めていって，それで固定費の175万円を支払うことができれば，損益がトントンとなります。このクリーニング店の場合，限界利益が固定費と同額の175万円まで貯まるには，250万円の売上げが必要です（175万円÷0.7＝250万円）。

$$損益分岐点 = \frac{固定費175万円}{限界利益率0.7} = 250万円$$

　損益分岐点の話は，Chapter 4で詳しく述べていますので，それを参照してください。

3　安全性の分析

　自己資金ゼロで，銀行から1億円借りて家を建てた人がいるとしましょう。外から見ますと，1億円の家に住んでいるのですから，お金持ちに見えます。しかし，実は，他人からの借り物に住んでいるのと変わりません。

　借金していようが全額自己資金であろうが，使っている資本の大きさ（この例では，住んでいる家）が財産を表すという見方もあるでしょうし，負債（借金）を差し引いた，裸の状態が本当の姿だという見方もあるでしょう。いずれにしましても，**総資本**をもって企業の実態を判断するのではなく，**負債の大きさ**にも注意する必要がありますし，**自己資本の良し悪し**を判断するときは，**使っている資本の全体**を見ておくことが必要です。

　会社の場合，そうした全体としての**使用総資本**と裸の資本（**自己資本**）の関係を見るときには，後で紹介するような**自己資本比率**という指標が使われます。

　会社の場合，家庭と違うのは，借りた資金で事業を展開しますから，借金してもその資金が利益を生んでくれることです。サラリーマンの借金は利息を付けて返済するだけで，利益を生むことはありません。

　会社を自己資金だけで運営することを，「**無借金経営**」といいます。無借金経営は，借金の返済に追われることもなく，堅実で安全性が高いと評価されますが，他方，いつまでたっても小規模の，地方会社の域を出られないという欠点もあります。

▷**自己資本比率という尺度は何を計るものか**

自己資本比率は，次のようにして求めます。

$$自己資本比率 = \frac{自己資本}{総資本（=自己資本＋負債）} \times 100（\%）$$

自己資本比率というのは，**借金の返済能力**，あるいは，**支払い能力**を示す指標の1つです。では，どうして借金を返済する能力が問題になるのでしょうか。

会社は，まず，株主が出した資金（資本といいます）を元手として営業しますが，事業の拡大に連れて，株主の資金だけでは足りなくなってきます。そうしたときに，銀行や保険会社からお金を借りたり，**社債**という証券を発行して一般の投資家から資金を借ります。

会社にお金を貸す人たちを「**債権者**」といいます。債権者は，お金を貸すときに，貸したお金を約束どおり返してくれるかどうかが一番心配です。ですから，貸すときにも，貸した後も，会社の**支払い能力**には強い関心があるのです。こうしたことは，取引先との決済にもあてはまります。当社が製品を掛で（代金後払いの約束で）売っている**得意先**（買ってくれるお客様）には，**売掛金**という債権が発生します。得意先がちゃんと代金を支払ってくれるかどうか（**債務の支払い能力**）は，当社にとって一番大事なことです。

通常の場合，そうした負債の支払い財源として考えるのは，営業活動を続けながら返済していくことができるものに限られます。つまり，それを使っても，営業活動に特別の支障が生じないものをいうのです。

Chapter 2　財務情報分析の目的と技法

　会社の内部における資金の動きを見てみましょう。次の図のように，会社には最初，現金の形で資金が投下されます。この現金で商品を仕入れたり，原材料を購入したりします。原材料は加工して製品とします。商品や製品は市場で販売され，会社は改めて現金を回収します。現金ではなく，売掛金や受取手形を受け取るときもあります。売掛金も受取手形も，その後まもなく，現金になります。

　こうした，会社における**現金からスタートして再び現金へ戻ってくる資金の動き**を「**資金循環**」とか「**営業循環**」といいます。

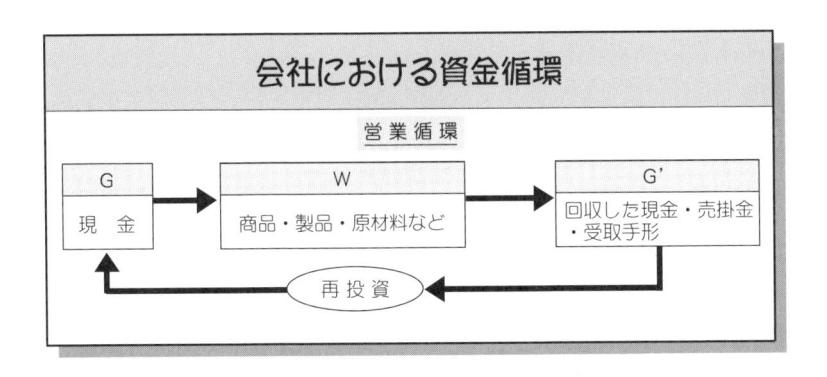

会社における資金循環

営業循環

G	W	G′
現　金	商品・製品・原材料など	回収した現金・売掛金・受取手形

再投資

　経済学などでは，この現金を G，商品や製品を W で表します。ここで G というのは，ドイツ語の $Geld$（ゲルト，貨幣），W とは $Waren$（ヴァーレン，物品）のことです。そこで，資金の循環を，$G \rightarrow W \rightarrow G'$ という形で表すことがあります。G'（G にダッシュがついているもの）は，最初に投下された現金が利益の分だけ増加していることを示しています。

　借金の返済に商品や製品を売った代金を使うということも考えられます。この案を検討してみましょう。

商品の売上代金は,売った商品の仕入れ値と利益に分けることができます。G' の G の部分が仕入れ値で,ダッシュの部分が利益です。G の部分は,**次の商品を仕入れる資金**となります。ですから,借金の返済に G を使いますと,次に売る商品を仕入れることができなくなり,営業に支障をもたらすか,営業規模を縮小しなければならなくなるでしょう。ですから,もし,借金の返済に商品の売上代金を使うというのであれば,ダッシュ(利益)の範囲内に限られます。

以上のことから,借金(負債)を返済するための財源としては,「**余裕資金**」(「**余剰資金**」ともいいます)がもっとも大事だということがわかります。

▷短期の借金返済能力と長期の借金返済能力

ところで,借金(負債)には,比較的短期間のうちに返済期限(支払期限)がくるものと,長期のものがあります。1年以内に返済しなければならない負債は「**流動負債**」,返済期限が1年を超える負債は「**固定負債**」と呼ばれます。

会社の財務諸表(貸借対照表)では,次のように表示されています。

> 流動負債=買掛金,支払手形,短期借入金など
> 固定負債=社債,長期借入金など

このうち,**長期の負債(固定負債)に対する返済能力**については,これを直接に測定するような「ものさし」はありません。長期の借金(固定負債)を支払う能力は,第1に,その会社の**収益性**の良し悪しによって,第2に会社の**財務構造**(借金が多いか少ないか)によって判定する

しかありません。

しかし、**短期の借金（流動負債）を返済する能力**があるかどうかを見るには、いくつかの「ものさし」があります。

▷流動比率が語る「借金の返済能力」

最初に、**流動比率**を紹介します。この比率は、会社が持っている資産のうち、流動性が高い資産、つまり、現金と現金に近い性格の資産と、短期間に支払期限のくる負債を比較するものです。

$$流動比率 = \frac{流動資産}{流動負債} \times 100 (\%)$$

流動資産というのは、次のように、**当座資産**と**棚卸資産**に分かれます。当座資産は、すぐに現金になるものをいい、棚卸資産は、現金にするのに販売という手順を踏む必要があるので、少し時間がかかります。

流動資産の内訳

当 座 資 産	棚 卸 資 産
現 金 預 金	製 品・商 品
売 掛 金	原 材 料
受 取 手 形	部 品
有 価 証 券	

1年以内に返さなければならない借金が1,000万円あるとしたら、今、どれくらいの流動資産をもっていればよいでしょうか。流動資産の中に現金預金が1,000万円あれば、借金を返すことができます。売掛金や受

取手形があっても返せますが，売掛金や受取手形は次の商品を仕入れるために必要な資金ですから，できたら，返済には使わないほうがいいでしょう。

　棚卸資産は，現金にするためには，いったん販売しなければなりません。原材料であれば，これを使って製品を作り，それを販売するという手順を踏まなければなりません。いつ売れるのかも，いくらで売れるのかも，正確にはわかりません。棚卸資産は，もし即時に売却して現金を手に入れようとしたら，仕入れ値を大幅に下回るかもしれません。

　こうしたことを考えますと，流動負債が1,000万円あるとしたら，流動資産はそれ以上なければ返済できないでしょう。これまでの経験から，**流動負債が1,000万円なら，流動資産はその倍，2,000万円くらい必要だ**といわれています。

　つまり，1年以内に返済する借金が100あったら，返済の財源として流動資産を200以上持っていなければならないということです。これを，「200％テスト」とか「2対1の原則」と呼んでいます。

　短期の借金を返済する能力を判定する指標には，もう1つ，「当座比率」というのがあります。次にこれを紹介しましょう。

▷**当座比率は返済能力のリトマス試験紙**
　小学生の頃，酸性かアルカリ性かを知るために，**リトマス試験紙**を使ったことと思います。あれは便利なもので，赤色の試験紙を入れて青くなればアルカリ性，青い試験紙を入れて赤くなれば酸性と，実に簡単明瞭に判別できました。

会社の支払い能力にも，リトマス試験紙があればいいのにと，誰もが思うことでしょう。そうした希望をかなえてくれるアイデアが，**当座比率**です。この比率を使えば，借金の返済能力を簡単に判別できると考えられています。そのために，この比率を，リトマス試験紙とみて，**酸性試験比率**とも呼んでいるのです。

当座比率は，流動負債の何倍の当座資産を持っているかを計算するものです。

$$\text{当座比率（酸性試験比率）} = \frac{\text{当座資産}}{\text{流動負債}} \times 100 (\%)$$

上に紹介した流動比率の場合は，流動負債を返済する財源として流動資産の全体を使うことを予定していました。ところが，流動資産のうち棚卸資産は，すでに話しましたように，即時に売ろうとすれば安く買いたたかれるか，売れないこともあります。

そこで，流動負債を返済する財源としての流動資産から，この棚卸資産を除外して，**より確実な返済財源だけで支払い能力を判断**しようとするのが，当座比率です。

この比率は，100％以上あることが望ましいといわれています。これを「**100％テスト**」とか「**1対1の原則**」と呼んでいます。

▷**支払い能力の総合的判定**

これまでの話からしますと，流動比率よりも当座比率の方が，より信頼できる指標のように感じるかもしれません。しかし，実務では，当座

比率は流動比率の補助比率としてしか使われていません。なぜでしょうか。

当座資産は，即・現金化できる資産のことです。当座というのは，インスタントという意味で，換金に手間取らないということです。当座比率も，「借金をすぐに返済するとしたら」どれくらいの能力があるかを判断する指標です。

実は，この計算は，かなり現実からかけ離れた仮定の計算になります。負債（借金）には返済期限が決まっているものも決まっていないものもあります。すぐに返す負債もあれば，1年後のものもあります。それを，**今，いっせいに返済するとしたらという仮定で計算するのが当座比率**なのです。

流動負債は，1年以内に返済するとはいえ，すべてを今すぐに返済するわけではありません。したがって，当座比率は少し近視眼的な指標のようです。実際の支払いを考えますと，**企業の正常な営業活動を前提とした支払い能力**を知る必要があります。そうした分析には，**流動比率**の方が優れているようです。

こうしたことを総合的に判断しますと，流動比率と当座比率を見比べながら，できるなら数期間の推移を見ながら支払い能力を判断するのが賢明なようです。

4　生産性の分析

▷**利益の額は経営者の総合成績**

経営がうまくいったかどうかは，端的にいって，その期間の利益に現れます。利益の額は，いわば，期末試験の後につけられる「総合点」みたいなものです。

利益は，収益（売上高）から費用（売上原価や人件費）を差し引いた残りとして計算されます。したがって，**利益を増やすには，**(1)**収益を増やす，**(2)**費用を減らす，**(3)**収益の増加を図りつつ費用を削減する**，という3つのルートがあります。

売上げの増大を図るには，お客さんに喜ばれるような製品を作り，その製品の存在を知ってもらうために広告宣伝活動を行い，購買意欲をかき立てるようなディスプレイを施し，商品知識の豊富な店員があいそよく接客し，販売後も質のいいアフター・サービスを提供するといった努力が必要です。

他方，**費用を削減する**には，在庫を適切に管理して在庫費用を削る，売れ残りを作らないように工夫する，再利用できるものはリサイクル・リユースする，電気・電話・郵送などのムダを省く（リデュース）といった努力が必要です。

こうした努力が実りますと，収益が増加し費用が減少して，差額としての利益は増加するのです。

▷**給料を減らせば利益は増える**

利益は収益と費用の差額ですから，どのような方法で費用が削減され

ても，その削減分だけ利益が増加します。減価償却費を過小に計上したり，当期の修繕費を次期に回したりしますと，たしかに費用が削減されて，計算上の利益は大きくなります。しかし，こうしたことを続けていたら，いずれ会社は財務状態を悪化させるでしょう。

　より問題なのは，利益の額を大きく見せようとして，従業員の給与・賃金をカットしたり昇給を抑えたり，ひどいときには，従業員を解雇したりすることです。最近では，リストラ（リストラクチャリング）を名目に，従業員を大量に解雇する会社が増えています。

　リストラは，本来，企業が経済環境の変化に対応して，成長と収益力を維持・増進するために行う**「事業の再構築」**をいうのですが，現在のわが国で行われているリストラは，ほぼ例外なく，人員整理です。これまで会社のために汗水流して働いてくれた正社員を解雇して，その代わりに，契約社員・派遣社員・中途採用・嘱託社員・アルバイトといった安い人件費で済ませようというのです。

▷従業員の給料と会社のもうけはシーソーゲーム
　会社の利益と従業員の給料はシーソーゲームなのです。**従業員の給料を上げると会社の利益は減り，従業員の給料を減らすと会社の利益が増える**のです。しかし，働く人たちに適切な給与・賃金を支払わずに利益の大きさだけを追求するというようなことをしていますと，いずれ働く人たちは労働意欲や向上心，さらには愛社精神を失うでしょう。そうなりますと，職場の規律が乱れ，作る製品の質が落ちたり，接客態度が悪くなったり，ひいては，売上げが減少することになりかねません。

　利益をいかに大きく計上しても，それが会社の能力によって裏打ちされたものでなければ，長続きしないのです。**真の収益力**というのは，**会**

Chapter 2　財務情報分析の目的と技法

社の経営能力によって生み出されるものをいうのです。計算の上だけの利益ですと，いつかは労働意欲・勤労意欲を失わせるか，消費者の購買意欲を減退させ，結局，収益性の低下を招くことになります。

では，会社が，ちゃんと従業員に給料を払っているかどうか，さらには，会社が社会的な責任を果たしているかどうかを知るにはどうしたらよいでしょうか。

▷社会的貢献度を見るにはどうすればよいか

会社の経営活動が，どれだけ社会に貢献しているかは，生産性を計算すればわかります。生産性というのは，1年間にどれだけの量の**生産要素（生産設備と労働力）**が**生産活動にインプット**され，そこからどれだけの量の**生産物がアウトプット**されたかをいいます。これと**資本利益率**を対比して見ますと，両者の違いがよくわかります。

$$生産性 = \frac{アウトプット}{インプット} \qquad 資本利益率 = \frac{利益}{資本}$$

生産性は，生産活動にインプットされた生産要素の量に対して，アウトプットとして得られた生産物の量がどれだけかを計算するものです。**生産活動の能率**を示すといっていいでしょう。

ところが，**資本利益率では生産活動の能率を示すことができない**のです。非常に高能率で生産が行われていても，賃金も高い水準であれば，その能率の良さは資本利益率には現れません。賃金をカットしたり低水準に抑えますと，利益は増加し，資本利益率は高くなりますが，生産性が向上したわけではないのです。

生産性を測定する場合，通常は，インプット，つまり生産要素としては生産設備とその設備を動かす労働力を，また，アウトプットとしてはその会社が独自に作り出した価値，つまり付加価値を使います。生産設備と労働力を結合することによって，どれだけ大きな価値を生み出したか，これが生産性なのです。

$$生産性 = \frac{付加価値}{生産設備 + 従業員}$$

▷付加価値とは何か

後で述べますように，利益も会社が生み出した価値ですが，付加価値はそれだけではありません。付加価値というのは，その会社が独自に創りだした価値，その会社の経営成果をいいます。

例えば，3人で雪だるまを作ったとしましょう。Aさんは，自分一人でバスケット・ボールくらいの雪だるまを作って，Bさんに渡しました。Bさんは，さらにそれを直径1メートルくらいの大きさにしてCさんに渡したとします。Cさんは，受け取った1メートルの雪だるまを転がして，アドバルーンほどの大きさにしたとします。この場合，A，B，Cが新たに創造した価値，付加価値は，それぞれが加えた雪の量です。

もう少し現実的な例を使いましょう。Dさんは500円で仕入れた小麦粉でホットケーキを作り，喫茶店を営むEさんに，1枚80円で10枚，合計800円で売り渡したところ，Eさんは，これをお客さんに1枚130円で売りました。

Dさんは800円の収入がありましたが，その全部がDさんの企業努力

の成果ではありません。500円分は小麦粉を作った人の努力の成果で，Dさんはこれに300円分の成果を上積みしたのですから，300円がDさんの付加価値です。Eさんは，1,300円の収入がありました。このうち800円は，自分の努力とは関係ありません。Eさんが創りだした価値は，1,300－800＝500円です。

　付加価値の計算では，このように，Dさんにとっての小麦粉，Eさんにとってのホットケーキは他人が作ったものであり，自分が創りだした価値を計算するときには除外されます。

　ここでは，Dさんがいくらもうけたか，Eさんがいくらの利益を上げたかは，問題にはなりません。Dさんがアルバイトを使ってホットケーキを焼いても，Eさんの店が赤字であっても，付加価値の額は変わりません。

　おおざっぱないいかたをしますと，**付加価値は，商品や製品の金額から，他人が作った部分（原材料や仕入れた商品）を差し引いて，自分が世に送り出したか，自分が創りだした価値**をいうのです。

> 付加価値を計算すると
> 　　　付加価値＝売上高－仕入原価
> 　　　付加価値＝生産高－原材料費

▷**付加価値の計算方法**

　上の算式は，売上高（または生産高）から他人が作った部分（仕入原価または原材料費）を差し引いて付加価値を計算するものです。これを「**控除法**」といいます。

付加価値は，それを構成する諸要素を加算して金額を求めることもできます。これを「**加算法**」といいます。

> 付加価値＝人件費＋利息割引料＋地代＋租税＋利益

この式からわかりますように，付加価値の計算では，人件費も利益も合算されます。したがって，人件費を削って利益を大きくしたとしても，付加価値の額は変わりません。給料や賃金をたくさん支払ったために利益が小さくなった会社も，利益を大きくしようとして人件費を削った会社も，付加価値の額で見ますと，ありのままの姿が現れてくるのです。

▷ **付加価値は社会的貢献度の指標**

上に紹介した算式（加算法）から，付加価値は次のような構成になっていることがわかります。

人件費 （給料・賃金）	金融費用 （支払利息）	地　　代 賃 借 料	租　　税	純 利 益

付加価値構成は，企業活動への参加形態別に見た報酬ともいえます。会社は，人的・物的な集合体です。株主だけでも，従業員だけでも，あるいは，経営者だけでも機能しません。

株主が資本を出し，不足の資金を金融機関が出し，地主や家主が土地や建物を，経営者や従業員が専門的知識や労働力を提供し，国家や地方公共団体が，営業や生産の許可，港湾や道路の建設，不況時の財政的支援，交易上の便宜などのサービスを提供してはじめて会社は動くのです。

したがって，これらの人々や組織がそれぞれ独自の役割を持って，直接・間接に企業活動に参加しているということができます。

5　成長性の分析

▷成長をグラフで表示する

　自分が経営する会社が成長するのは楽しみです。自分が勤めている会社，自分が投資している会社も，できるだけ成長して欲しいものです。

　成長を示すために，グラフを描くことがあります。今，次の表のような2つの会社があったとします。データは，2つの会社の，過去5年間の売上高です。

年度	A　社	B　社
1	1,250億円	3,520億円
2	1,625	4,576
3	2,112	5,948
4	2,746	7,733
5	3,570	10,053

　今，この2つの会社の売上げ高をグラフ用紙（普通グラフ，方眼紙）の上に表してみると，次のようになります。

普通グラフ

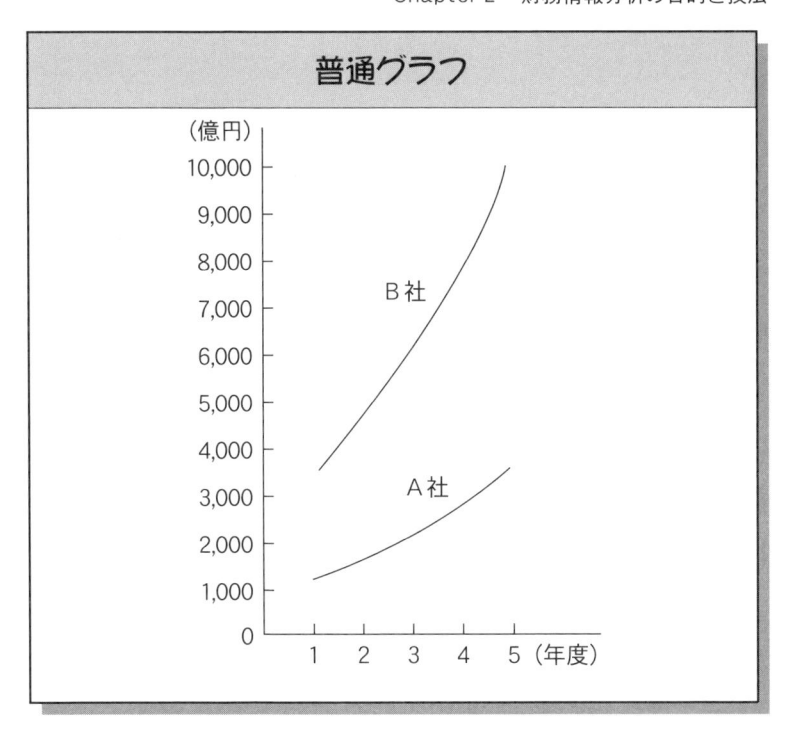

(図：A社とB社の成長を示す折れ線グラフ。縦軸は金額(億円)で0～10,000、横軸は年度で1～5。B社の線は約3,500から約10,000まで上昇、A社の線は約1,250から約3,570まで上昇。)

　A社とB社を比較してみますと，B社の方が2倍も3倍も急成長しているように見えます。でも，それは本当でしょうか。A社とB社の成長を，今，比率で求めてみましょう。

　A社は，1年度目1,250億円から5年度目までに3,570億円まで成長しました。2.85倍です。成長率でいいますと，185％の成長です。

　B社は，3,520億円から10,053億円への成長ですから，同じ2.85倍，成長率は185％です。

　グラフで見ますと，A社はそこそこ成長していますが，B社はA社の2倍か3倍の成長をしているように見えます。しかし，実際には，2つ

65

の会社の成長率はまったく同じなのです。

　なぜ，こんなことになるのでしょうか。**普通グラフ（方眼紙）**は，**絶対額（金額）の変化**を表すことはできるのですが，**伸び率（変化率）**を表すことができないのです。成長性とか趨勢を表現しようとすると，普通グラフはうそをつくのです。

▷**成長を正しく測るための片対数グラフ**

　それでは，どうしたら正しい比較ができるようになるでしょうか。少し大きい文房具店か理工系の学部がある大学の生協などに行きますと，「**片対数グラフ**」という，ちょっと変わったグラフ用紙を売っています。これを使いますと，上に紹介したような誤解を避けることができます。

　このグラフ用紙は，次に示しますように，横軸は等間隔の目盛りで，普通のグラフ用紙と同じです。**縦軸**は，**対数目盛**になっています。縦軸の目盛りは，原点を1としても10としても，100としてもかまいません。グラフ化する数値の大きさによって原点の値を決めればよいのです。

Chapter 2 財務情報分析の目的と技法

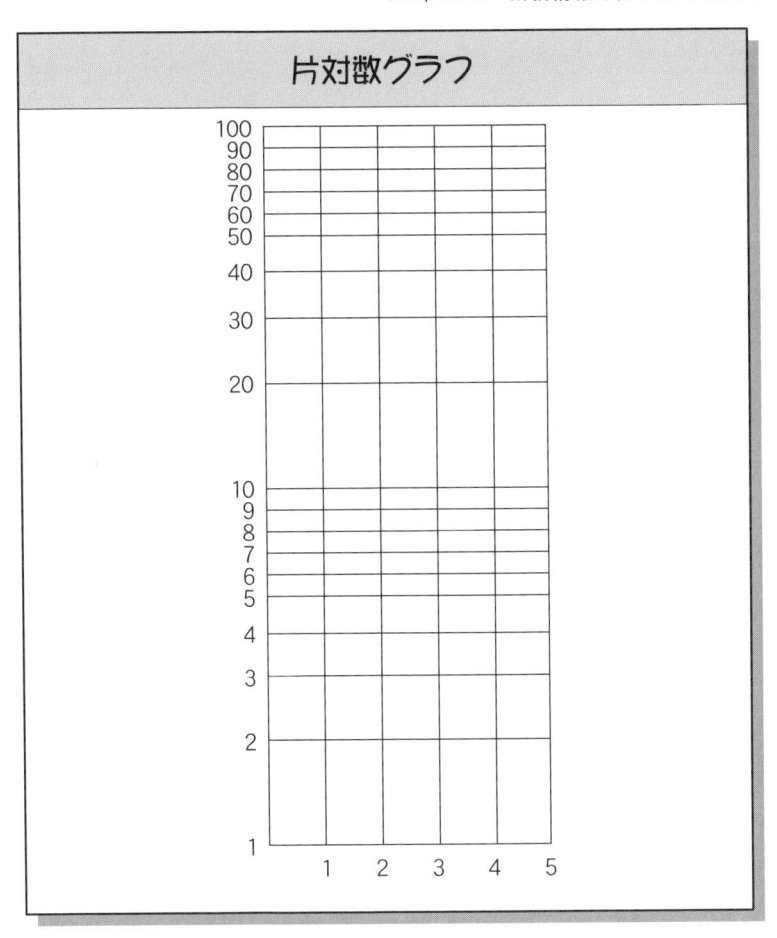

片対数グラフ

　縦軸は目盛りが1つ上がるごとに，1, 2, 3, 4, と2倍, 3倍, 4倍になり，位取りが上がって10になりますと，そこから，あらためて2倍（20），3倍（30），4倍（40）となり，位取りが上がって100になれば，次は，2倍の200，3倍の300となります。

　では先ほどの，A社とB社の売上高を，片対数グラフの上に描いてみましょう。この場合，原点を100としてありますが，1,000として描いて

もかまいません。

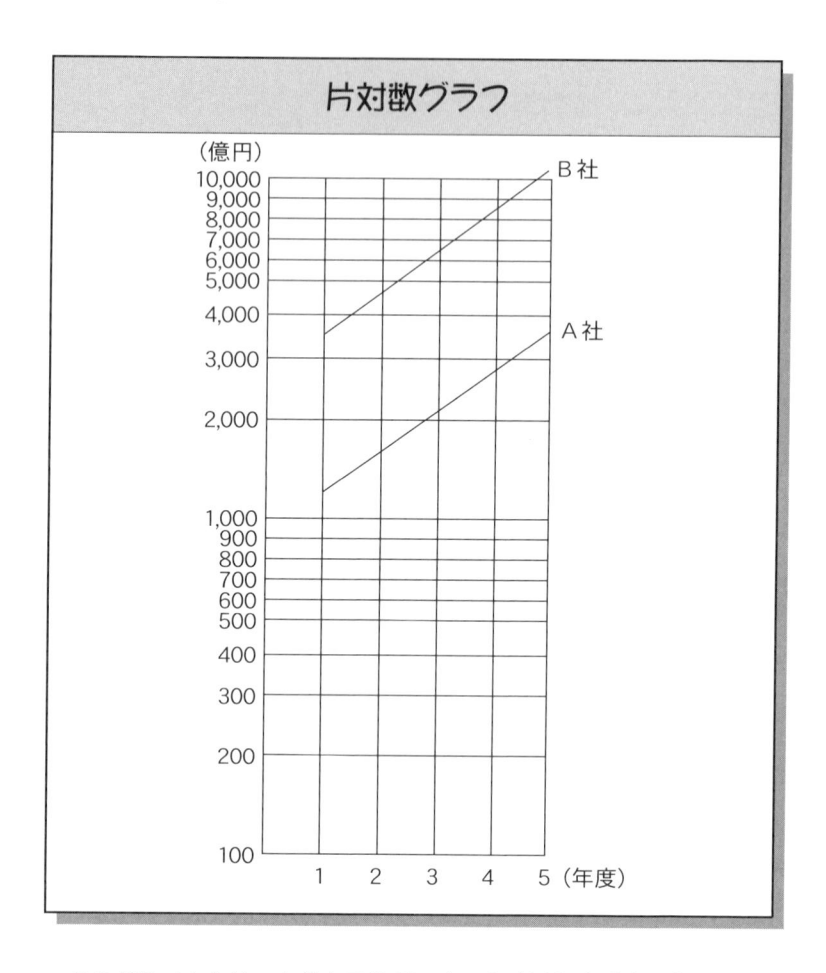

片対数グラフ

(億円)
10,000
9,000
8,000
7,000
6,000
5,000
4,000
3,000
2,000
1,000
900
800
700
600
500
400
300
200
100

B社
A社

1　2　3　4　5 (年度)

　このグラフからは，A社とB社が，まったく同じ成長率であることがよく分かると思います。

▷**健全な成長の見分け方－成長性比較グラフ**
　会社がどれだけ成長したかは，①**売上高**，②**総資本**，③**経常利益**，④**従業員数**がどれだけ増加したかを見ればわかります。この4つの項目が

Chapter 2 財務情報分析の目的と技法

どういうバランスで増加・減少したかを見ますと,その会社の成長または企業規模縮小が健全かどうかが分かるのです。

売上げは急速に伸びているのに経常利益が減少傾向にある場合や,売上げは伸びていないのに総資本や従業員数が増加している場合,余剰人員を削減したにもかかわらず経常利益が増加していない場合,こうしたケースでは決して健全な成長は望めません。どこかにムリがあるのです。

この4つの数値がどういう関係になっているかを見るために,「**成長性比較グラフ**」を描いてみましょう。

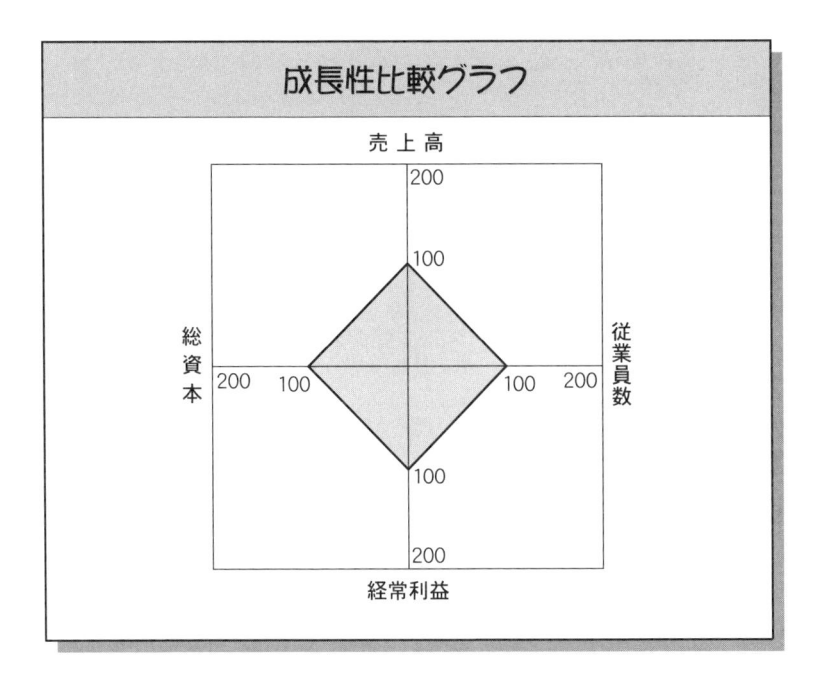

成長性比較グラフ

(売上高・総資本・従業員数・経常利益の4軸、中心0、中央100、外枠200のダイヤモンド型グラフ)

このグラフは,基準となる年度の数値を100として,当年度が何%になるかを表示するものです。グラフは,正方形で,中心をゼロとし,そこから各項目に伸びる線の中央を100%,外枠を200%とします。

では，実際にこのグラフを使って会社の成長を見てみましょう。次のデータは，あるコンビニを経営しているS会社の，ある時期のデータと，4年後のデータです。このデータから，この会社が4年間でどういう変化をしたかがわかります。

	売上高（億円）	総資本（億円）	経常利益（億円）	従業員数（人）
基準の年	2,145	4,433	933	2,364
4年後	3,469	7,702	1,471	3,829
成長率	61.7%	73.7%	57.6%	61.9%

この数値を「成長性比較グラフ」に書き込んでみます。

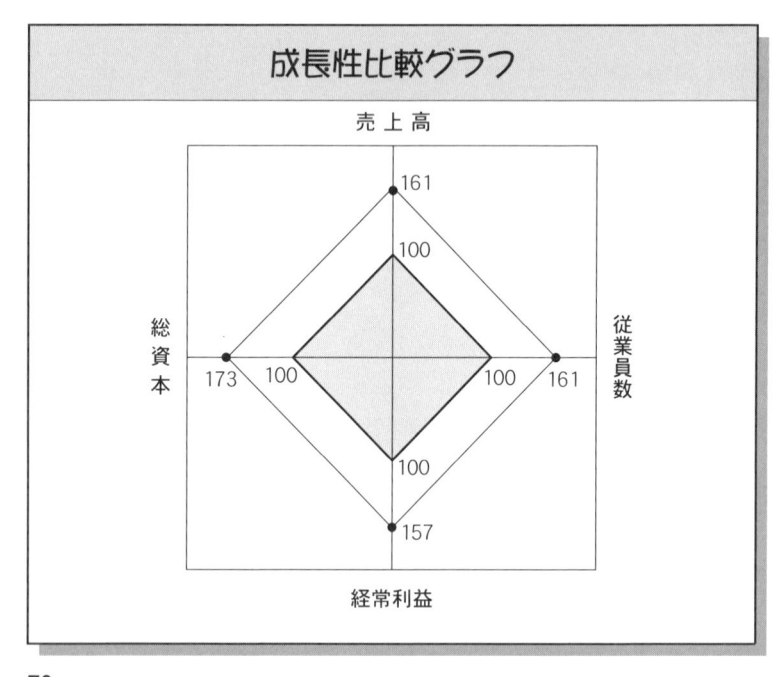

成長性比較グラフ

売上高: 161
総資本: 173
従業員数: 161
経常利益: 157

Chapter 2　財務情報分析の目的と技法

グラフに描いてみますと，S社の成長を示す4つの数値，売上高，総資本，利益，従業員数が，みごとなまでにバランス良く成長していることが簡単にわかります。

では，同じ時期の，スーパーを経営しているD会社を見てみましょう。

	売上高 (億円)	総資本 (億円)	経常利益 (億円)	従業員数 (人)
基準の年	25,415	12,744	72	21,457
4 年 後	19,805	14,501	20	12,505
成 長 率	−22.0%	13.7%	−72.2%	−41.7%

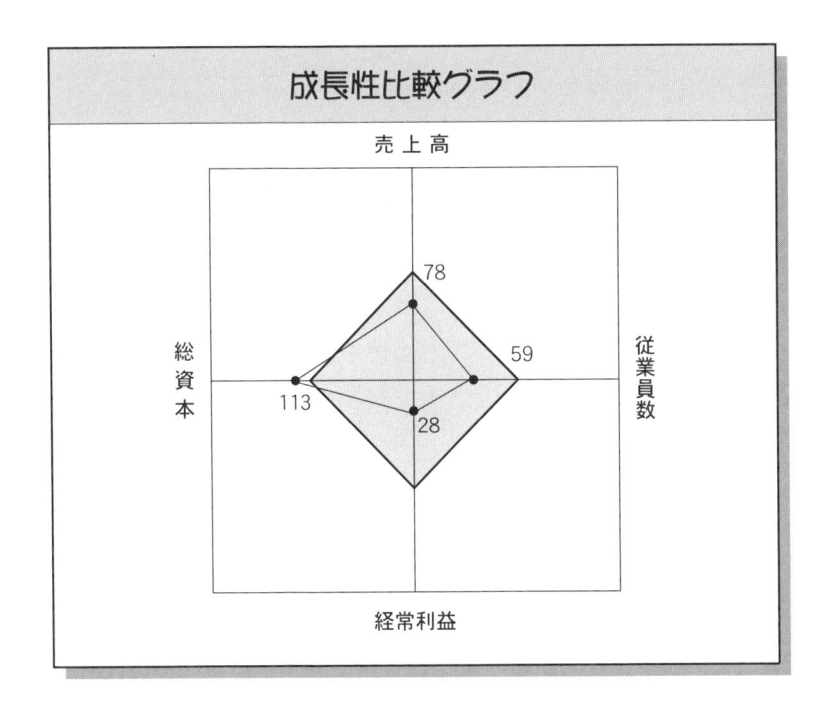

成長性比較グラフ

売上高　78
従業員数　59
総資本　113
経常利益　28

D社のグラフからは，同社が資本を増加させているにもかかわらず，

売上げが減少していること，従業員を大幅に整理していながら，それが利益の増加に貢献していないこと，全体として企業規模が縮小しつつあるが，そのバランスがとれていないこと，などを読みとることができます。

なお，ここで従業員数に代えて，「**人件費**」を使うこともできます。人件費を使うと，4つの成長性指標がすべて「金額」になります。

CHAPTER 3
バランスト・スコアカード

1 バランスト・スコアカードの出現の背景
2 ミッション,ビジョン,戦略
3 バランスト・スコアカードの概要
4 バランスト・スコアカードの「バランス」の意味
5 バランスト・スコアカードでの因果関係
6 戦略マップの役割
7 バランスト・スコアカードの利用

1 バランスト・スコアカードの出現の背景

1990年代に，**企業価値創造**に関わるさまざまな経営管理手法が世に出現しました。管理会計上の手法としては**活動基準原価計算（ＡＢＣ），経済付加価値（ＥＶＡ），全社的品質管理（ＴＱＭ），顧客付加価値（ＣＶＡ）**などがあげられます。**バランスト・スコアカード（ＢＳＣ：Balanced Score Card）**も重要な経営管理手法の１つとして注目されています。

90年代から株主価値や企業は誰のものか？　などの議論が活発に行われ，この年代は株主価値の増加と株主の権利が他の利害関係者よりも強調された時代であったかもしれません。ＥＶＡによって株主価値が強調されすぎれば，他の利害関係者の価値を軽視し，損なうことも十分に考えられることです。

それぞれの利害関係者の価値創造に有効な**業績評価尺度**を創造し，**利害関係者間の調整**を行う必要があり，これによって企業全体の価値創造が円滑に進むことが利害関係者に合意されてきました。

ＡＢＣやＴＱＭは**プロセスの改善**を通じて企業価値創造に貢献し，株主や従業員などの利害関係者に利益をもたらしています。またＣＶＡは顧客価値の増加に貢献し，利害関係者としての顧客は利益を得ています。

ＢＳＣはこのようなさまざまな利害関係を調整し，全社的に価値創造および価値増加に大きく貢献することができます。しかし，利害関係の調整だけでなく，90年代以降の**企業環境の厳しさ**や競争条件の激烈化がＢＳＣの導入を加速したと考えられます。

価値創造経営を目指すと言うことは簡単ですが，全社をあげて価値創

造に舵を切るというのは容易ではありません。

　これまで企業は経営の効率化を追求するために，個々のプロセスにおける効率化や原価低減を中心に実施してきました。企業プロセス全体の調整や有効性については，**経営戦略**が全社的な整合性をとり，価値創造に貢献するということが期待されていました。

　各事業部におけるプロセスの実行や利害関係者間の利害調整は経営戦略に基づいて，組織の構成員の誰にでも分かるようにはっきりと示されることが経営陣にとって望ましいことと認識されてきました。

　しかし，現実的に企業はどのように行動したのでしょうか？

　企業を取り巻く競争環境はますます厳しくなってきました。**顧客満足**のために**品質改善**や**安心・安全のための投資**も必要となっています。また**環境改善のための投資**も必要です。しかし，こうした投資はそのまま売上げの増加と企業業績の改善にストレートにつながるわけではありません。

　むしろ企業はこうした環境条件が激化する中で，各事業部はいかに収益を上げるか，自分たちの業績をどのように維持するかという**局所最適**の意識に陥りがちでした。それぞれの事業部が業績を上げれば，全社的にも業績が上がるという誤った考えが支配的になる傾向が今でもあります。

　事業部が互いに競争するというのは，全社的に**組織の活性化**が図れるという意味では歓迎すべきかもしれませんが，一方では事業部間での競争がお互いの足を引っ張り，全社の業績を悪化させることもよく見受け

られます。ちなみにこれを**カンニバリズム（共食い）**現象と言います。

　このような共食い現象が起こるのは，全社的な経営戦略とそれに基礎を置く**事業戦略**がともに調整されずに，ばらばらな方向性を示して，**経営資源**やその投入のタイミングなどが**同期化**していないことから発生します。

　経営戦略が企業成長に必須の要件であることは一般に言われていることですし，その策定についてもさまざまな書籍に述べられています。しかし，経営戦略がただの絵に描いた餅であれば，企業の存続や発展は見込めません。

　むしろ全社的に決定された**経営戦略**および事業部で決定された**事業戦略**をどのように実行し，管理し，業績に反映させて，**組織の価値創造**を実現するかが，今の厳しい環境に置かれている企業が直面する課題だと考えられます。

　ＢＳＣの役割は経営戦略を策定するばかりではなく，経営戦略によって決められた案件を着実に行うためのプロセスを管理することでもあります。経営戦略の実行およびそのマネジメントが次第に企業によって求められるようになってきました。

　今まで経営戦略はマネジメントできないと考えられていたのですが，ＢＳＣによって**戦略をマネジメント**し，経営戦略が目標としている企業価値創造の実現がシステマチックな方法で実行できるような仕組みが提示されたのです。

2 ミッション，ビジョン，戦略

それでは，BSCがマネジメントする**戦略**とは，企業の中でどのような位置関係にあるのでしょうか？これを示したものが次の図です。

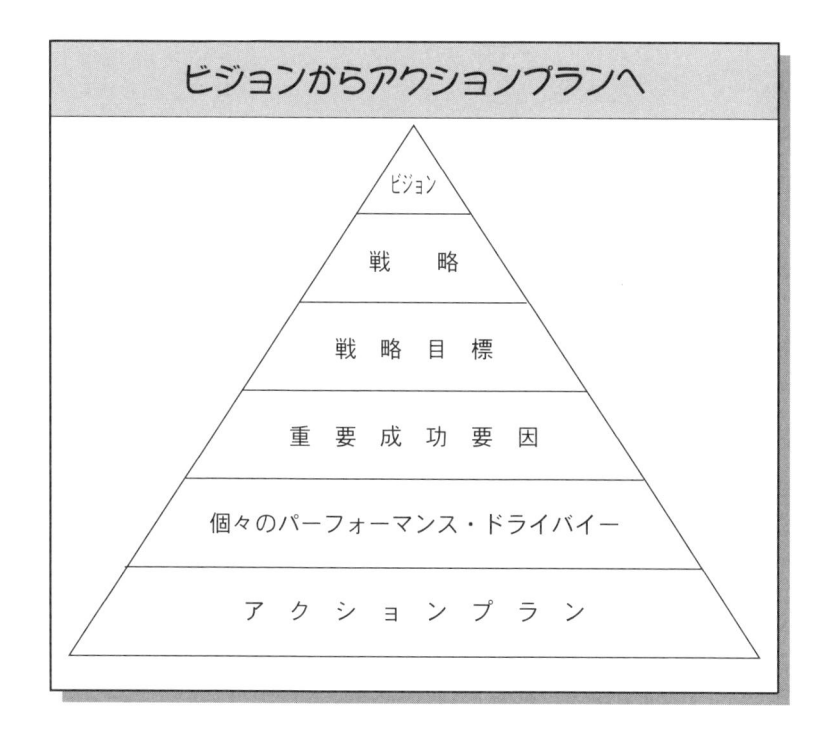

```
ビジョンからアクションプランへ
            ビジョン
           戦    略
          戦 略 目 標
         重 要 成 功 要 因
      個々のパーフォーマンス・ドライバイー
        ア ク シ ョ ン プ ラ ン
```

ビジョン：長期間にわたって，企業環境や企業の競争的関係を考慮した上で，**将来の企業のあるべき姿を示す理想的な目標**と定義できます。

戦　　略：戦略はビジョンを実現するための**行程**を示す役割があり，同時に**全社的目標や事業目標を設定**して，ある期間に達成すべき**マイルストーン**を示します。

戦略目標：企業がどの目標を何時までに達成すべきかを体系的に示し，戦略上の目標として，組織の構成員に示したものです。

重要成功要因：戦略目標を実行し，成功に導くための重要な要因を言います。売上高，利益率，回転率などの財務的尺度が中心ですが，最近では顧客満足度や品質などの非財務尺度もこれに含まれるようになってきました。またこれは**重要業績指標**とも呼ばれることがあります。

パフォーマンス・ドライバー：これは**重要成功要因を達成するための原動力**となるもので，例えば売上高を達成するための原動力であるパフォーマンス・ドライバーとしてサイクルタイムの短縮等があげられます。

アクションプラン：文字通り，ビジョンや戦略目標を達成し，パフォーマンス・ドライバーを実行するための**具体的な活動計画**と定義できます。先の例で言えば，サイクルタイムの短縮のために，アクションプランとしては生産プロセスの見直しが計画されます。

3 バランスト・スコアカードの概要

次に,バランスト・スコアカード(BSC)の概要を見てみましょう。BSCには4つの視点があります。これを示したのが次の図です。

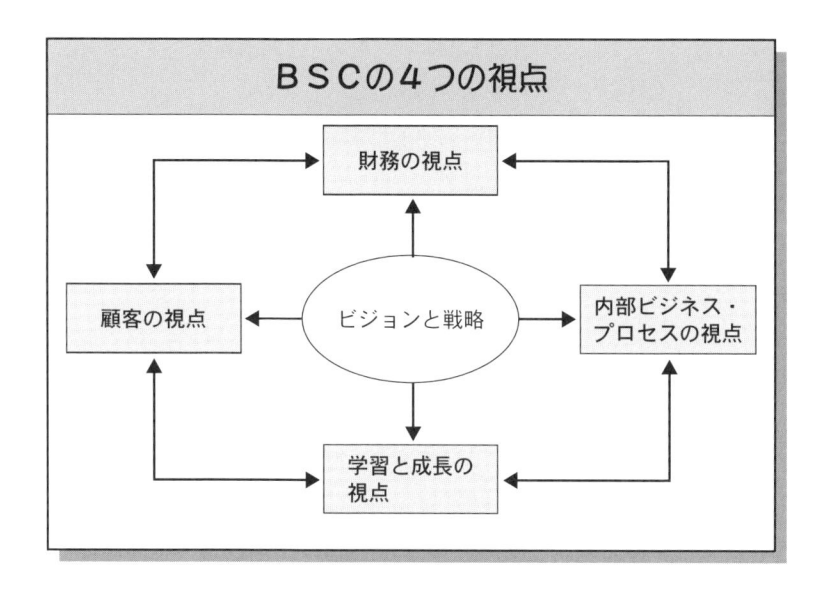

```
BSCの4つの視点
```

財務の視点
顧客の視点
ビジョンと戦略
内部ビジネス・プロセスの視点
学習と成長の視点

BSCでは上の図に示すように,達成されるべき目標として,**ビジョンと戦略が中心**におかれ,それが**財務の視点,顧客の視点,内部ビジネス・プロセスの視点,学習と成長の視点**の4つの視点に展開されます。**矢印**は因果関係と言うよりも**相互に影響する関係**を示しています。

財務の視点:財務尺度は企業や事業部の**過去の経営業績を財務指標**という尺度で,客観的にかつ明示的に利害関係者に示されます。BSCでも**筆頭に来る視点**であり,株主や債権者などの利害関係者に対して,企業がどのような行動を取るべきかが問われる視点です。

　　　　　具体的には売上高，利益率，キャッシュ・フローなどがあげられますが，これらは**企業活動の成果を示す指標**であり，計画の実行や意思決定の結果です。これは**遅行指標**と呼ばれています。

顧客の視点：これは企業の**外部顧客**（対市場）と**内部顧客**（対企業内部）に対する2つの視点があります。外部顧客に対しては**市場動向，競合他社との関係**を調査し，目標とすべきセグメントの業績測定が必要となります。具体的には**既存顧客のロイヤリティ，リピート率，顧客満足度**などの非財務指標が多くなります。

　　　　　内部顧客の視点も，基本的には外部顧客の視点と同様です。最近は，同一企業内部でも，**品質が高くて安価な部品などは他企業から購入する**例も増えてきました。内部顧客を大切にしないと，企業内で仕事の場所が無くなる可能性も出てきたのです。具体的な指標は外部顧客とほぼ同じです。

内部ビジネス・プロセスの視点：ビジネス・プロセスを見直し，組み替えることで劇的な原価改善が図られることは，**ビジネス・プロセス・リエンジニアリング（ＢＰＲ）**で明らかになったことです。この視点では，**業務改善やビジネス・プロセスの見直し**がどのように経営者によって行われたかが定量的に示されます。

　　　　　具体的には業務やイノベーションに関連するプロセスが対象になります。先述した**サイクルタイム，納期**などは生

産プロセス，**特許権取得件数や開発効率**は研究開発プロセスに関連します。

学習と成長の視点：企業業績の向上は**個々の従業員のスキルアップ，組織的な学習**の成果とその伝承などが原因となります。企業の成長発展は従業員や組織における学習と成長のシステムを構築することにあると考えられます。

具体的な指標としては社員教育の受講者数，資格取得件数，**離職率**などがこの視点に関連します。

このような4つの視点で，それぞれの視点を表す定量的な尺度が表示されているのがＢＳＣの特徴です。客観的な評価が可能となり，総合的評価と呼ばれた曖昧な評価を戦略的な視点から，**可視的かつ定量的に表現した手法**であると考えられます。

4　バランスト・スコアカードの「バランス」の意味

スコアカードはまさしく点数表ですが,「バランス」とは何を意味しているのでしょう？　これには諸説ありますが,一般的には次のように考えられます。

第1は,定量的指標と定性的指標のバランスです。

第2は**財務の視点以外に3つの視点があり**,それぞれに均衡を保つという関係にあることです。とは言え,財務の視点が最も大きいウエイトがあることは事実です。

第3は**内部の視点（ビジネス・プロセスと学習）と外部の視点（財務と顧客）がバランス**して,企業価値の増加に貢献しています。

第4は**成果（遅行指標）だけでなく,これを導いた原動力となるプロセスや行動（パフォーマンス・ドライバー）を先行指標として関連づけ**,両者のバランスを表現しています。

第5に**利害関係者間の均衡**を表す指標であり,長期的な経営の安定に寄与します。

5　バランスト・スコアカードでの因果関係

　ＢＳＣの大きな特徴は４つの視点がそれぞれに原因となり，結果となるという因果関係が成立していることです。

　ある事象が先行して発生し，その後に高い確率で別の事象が発生すると，発生した事象間には原因と結果の関係が認められ，これが因果関係と呼ばれるものです。

　このような関係は，企業行動の中で実証的に調査されており，４つの視点間の関係は明確に認められます。この例として，４つの視点間の関係を具体的な例で説明してみましょう。

　次の図はＢＳＣにおける４つの視点間の因果関係を示したものです。

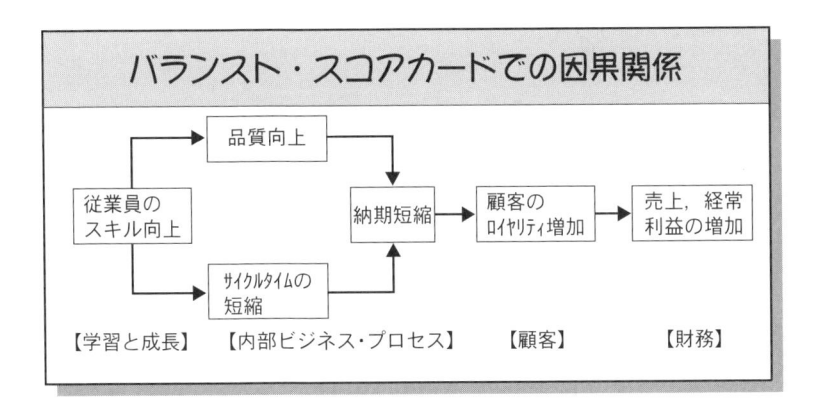

```
バランスト・スコアカードでの因果関係

従業員の          品質向上
スキル向上  →              → 納期短縮 → 顧客の         → 売上，経常
            →  サイクルタイムの →          ロイヤリティ増加   利益の増加
                短縮

【学習と成長】  【内部ビジネス・プロセス】    【顧客】      【財務】
```

　財務の視点からは，売上高や経常利益の増加が将来のビジョンや戦略実現に必要であることがＢＳＣで示されます。これらの指標はＢＳＣでは企業活動の成果として，遅行指標と位置づけられます。

顧客の視点からは顧客満足の増加が必要となり，そのためには既存顧客のロイヤリティを増加させ，リピート・オーダーの増加や頻繁な来店を促す方策が必要となります。

　内部ビジネス・プロセスの視点では，顧客満足のためには例えば新製品の市場投入数の増加，開発期間の短縮，納期の短縮などが考えられます。

　納期を短縮するためにはゼロ欠陥品，仕損品の回避等の品質向上がサイクルタイムを短縮し，結果として**納期短縮**に貢献します。サイクルタイムの短縮や品質向上は遅行指標の売上高に影響を与える**パフォーマンス・ドライバー**であり，**先行指標**として位置づけられます。

　学習と成長の視点では，従業員のスキル向上のために，教育訓練やオン・ザ・ジョブ・トレーニングなどのさまざまな学習機会が企業から個人に提供されます。

　具体的には従業員の業務内容を明確にし，これに沿った能力開発のメニューや能力測定の方法を開発し，実行し，従業員のスキルアップにつなげるという**アクションプラン**がとられます。

6　戦略マップの役割

　90年代にＢＳＣを採用したアメリカ企業は戦略目標と４つの視点の関係を**戦略マップ**という形で，**戦略目標間の因果関係を図式化**して分かりやすく示すようになりました。

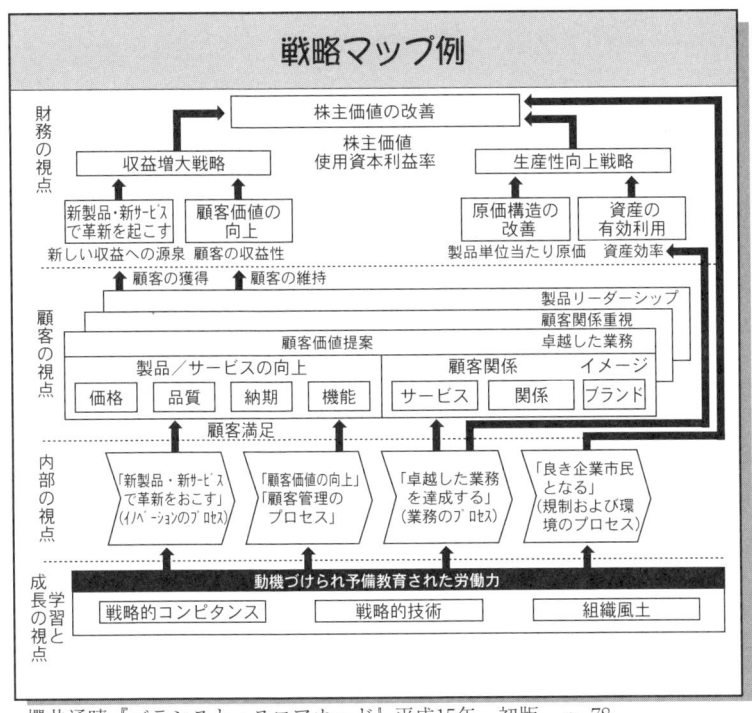

```
戦略マップ例
```

（財務の視点／顧客の視点／内部の視点／成長と学習の視点）

櫻井通晴『バランスト・スコアカード』平成15年，初版，p.78

　上の図は戦略マップの例です。組織の学習と成長の視点から，内部ビジネス・プロセスおよび顧客の視点を経て，最終的には財務の視点に向かって，因果関係の強いと認められる戦略目標を矢印で結んだものです。

　戦略マップはまさしく戦略を記述するための行程表であり，戦略目標

85

間の因果関係が一目で分かるという利点があります。

　ＢＳＣは，組織が必要とする財務の戦略目標を達成するには，どうしたら達成できるかを目に見える形で表し，従業員を含めた組織全体が戦略目標実現のために方向性を同じくして，事業に邁進する意識を醸成する有効なツールとなります。

7　バランスト・スコアカードの利用

　基本的にＢＳＣは経営管理が実施されているどの組織でも応用可能です。大企業では，各事業部の事業活動がそれぞれ異なっているのが一般的なので，全社一律のＢＳＣよりも各事業部や各組織特性に適合したＢＳＣおよび戦略マップの策定が有効です。

　ＢＳＣは財務の視点ばかりではなく，他の３つの視点もバランス良く事業評価の視点に導入しているために，最近では**県庁や市役所などの地方自治体や病院などの非営利事業**でも積極的に取り入れられています。

CHAPTER 4
短期利益計画

1	短期経営計画と短期利益計画
2	目標利益と予算
3	目標利益と変動費・固定費
4	CVP分析の役割
5	損益分岐点
6	貢献利益アプローチ
7	原価予測

1 短期経営計画と短期利益計画

　企業活動は，比較的**長期的な展望**と**明確なビジョン**のもとに立案された**経営戦略**にもとづいて行われています。この経営戦略を実現させるためには，5年程度の期間を視野に入れた**長期経営計画**と，これに連動して次年度の1年間を対象とする経営計画も設定されます。これは，一般に**短期経営計画**と呼ばれています。

　また，必要に応じて2～3年の期間を視野に入れた**中期経営計画**が設定されることもあります。**中・長期の経営計画**は，時間・資金・人材を相応の規模で投入しなければならないような比較的大規模な設備投資，経営組織の再編あるいは事業内容の見直しなど，現行の経営環境そのものの改造に直結するような活動計画を示しています。

　これに対して，**短期利益計画**は，中・長期の経営計画の一環として**次年度に実施すべき具体的な活動計画**と**既存の経営資源を前提として行うべき活動計画**が示されます。

　この**短期経営計画**は，中・長期経営計画と連動しており，中・長期的な展望の下に**現在の経営環境および経営資源を前提として策定**された今後1年間の具体的な経営活動内容を示しています。もちろん，計画はあくまでも計画ですので，必ずしも計画通りの結果（実績）になるとは限りません。

　また，企業を取り巻く経済環境あるいは社会環境なども常に変化しており，当初の計画時の予測が大きくはずれてしまうこともあります。このような場合には，**中・長期経営計画の修正**が必要であることはいうまでもありません。したがって，次年度の短期経営計画の策定のみならず，

Chapter 4　短期利益計画

中・長期経営計画の修正の際にも**新たな経営環境が考慮**されると同時に，**実績がフィードバック**され，それぞれの計画に反映されなければなりません。

このような経営計画には，中・長期の場合にも短期の場合にも，**利益計画**が重要な要素となります。つまり，**経営計画と利益計画は，表裏一体の関係**にあるといえるでしょう。そのため，中・長期経営計画の場合には中長期利益計画が，また短期経営計画の場合には短期利益計画がそれぞれ立案されることになります。

▷**短期利益計画と目標利益**
　一般に，企業は，利益の最大化，新製品の開発，事業活動の国際化・多角化，技術力の強化というような具体的な経営目標の下に経営活動を行っています。もちろん，このような具体的な目標は個々の企業によって異なるものの，営利企業である以上は**利益の最大化**はいわば永遠の課題であると同時に必然的な当面の目標でもあるのです。この当面の目標である**利益を次年度において具体的にどれだけ獲得すべきか**を明示することが**短期利益計画の役割**に他なりません。

　そのために短期利益計画では，まず次年度の**目標利益**が設定されます。企業が目指すべきこの目標利益を達成するためには，企業全体としての１つの目標利益が個々の**事業部門ごとのより具体的な目標利益に細分化**されなければなりません。このような細分化された各事業部門の目標利益は必要に応じてさらに細分化され，場合によっては個人レベルでの目標利益となることもあります。

　このような目標利益の達成を目指して短期利益計画が実行に移されることになります。したがって，目標利益の達成は短期利益計画の骨格を

成しているといえるでしょう。そして，**短期利益計画**は，次年度の**目標利益を実現させるための具体的な活動内容**を示しているのです。

この目標利益の設定には，**利益額**を設定する場合と**利益率**を設定する場合があります。利益額の場合には，中・長期利益計画において次年度に必要とされる利益額が目標利益となります。また，利益率の場合には，具体的には**売上高利益率**あるいは**資本利益率**などの指標による数値が目標利益（率）となります。もちろん，「利益」には売上総利益，営業利益，経常利益，当期利益などがあり，「資本」には総資本，自己資本，経営資本などがあるので，その組み合わせによって，**売上高利益率**も**資本利益率**も以下のような具体的な指標として利用できることはいうまでもありません。

売上高利益率には，
　売上高営業利益率，**売上高経常利益率**，**売上高当期利益率**などの具体的な指標があります。

資本利益率には，
　総資本を基準とする**総資本営業利益率**，**総資本経常利益率**，**総資本当期利益率**，また自己資本を基準とする**自己資本営業利益率**，**自己資本経常利益率**，**自己資本当期利益率**，そして経営資本を基準とする**経営資本営業利益率**，**経営資本経常利益率**，**経営資本当期利益率**などの具体的な指標があります。

これらの具体的な指標の中から，その目的に応じて最適な指標を用いればよいのです。

通常，一般的な指標として広く利用されている資本利益率は，利益額

÷資本額によって求められます。短期的な判断の指標としては,利益額には営業利益額,資本額には経営資本額を代入することが最も望ましいと考えられます。その場合には,その指標の呼称は単に資本利益率ではなく,厳密にいえば**経営資本営業利益率**ということになります。

この指標は,次の式によって表されます。ここにいう**経営資本**とは,総資本(したがって総資産)から**建設仮勘定**などの未稼働資産,**投資その他の資産**および**繰延資産**というような営業活動に貢献していない要素を除外した**営業活動に貢献している資本**をいいます。しかし,この指標の難点は未稼働資産の把握にあり,一般的には総資本営業利益率が広く用いられています。

$$経営資本営業利益率 = \frac{営業利益}{経営資本} \times 100\,(\%)$$

$$総資本営業利益率 = \frac{営業利益}{総資本} \times 100\,(\%)$$

目標利益の金額は,一般には**次年度に必要とされる配当,内部留保,役員賞与などの額と法人税等の金額**をそれぞれ推計し,これらを積算することによって求められます。利益率を目標値とする場合には,その利益額を用いて目標利益率が算定されることになります。

一般的な利益計算の方法から明らかなように,利益の計算には収益要素と費用要素の把握が不可欠であることはいうまでもありません。特に,製造業の場合には原価要素の把握も必要となります。しかし,目標利益は,その性質上,収益要素と費用・原価要素との差し引きの結果として求められるものではなく,あくまでも「**目標」として最初に設定**される

ものです。一般に，目標利益は次のような計算式によって示されます。

> 目標利益＝予想収益－許容費用（許容原価）……………①

しかし，実際にはこの前段階として，次のような計算が行われています。

> 予想収益－目標利益＝許容費用（許容原価）……………②

　この計算式によって目標利益を確保するために許容される費用（あるいは原価）の大きさが求められることになります。したがって，目標利益は単なる差額ではなく，**最初に目標利益が設定**され，これに適合させるように他の2つの計算要素の大きさが決められていると考えるべきです。①式の右辺は左辺を基準にして予め確定している計算要素に過ぎないのです。

　このように，**短期利益計画**ではまず**目標利益が設定**され，この目標利益の実現に必要な**予想収益を獲得するための具体的な個々の目標値**（売上高・販売量など）が示されると同時に，この**目標利益の実現に必要な許容費用**（あるいは**原価**）を達成するための具体的な目標値（生産量，販売費・一般管理費など）が示されます。次年度において，この**予想収益**が確保され，かつ**許容費用**（**原価**）が達成されれば，その目標利益は実現することになります。

　そのためには，企業全体としてこの目標利益・予想収益・許容費用（原価）の情報を周知させて共有することは確かに重要です。とはいえ，

より一層重要なことは，企業の各階層，各部門においてこれらの目標値にどのように係わり，そのためには個々のスタッフにどのようにすべきかを明確に理解させて，日々の活動に反映させることです。

2 目標利益と予算

予算は,経営計画を遂行するための指針であると同時に計画の遂行状況およびその結果の良否を判断するための尺度として,企業の規模にかかわりなく,精粗に程度の差こそあれすべての企業において採用されている極めて重要な管理会計ツールといえるでしょう。

短期利益計画では,**予算は売上予測,生産スケジュール,製造コスト予算および販売費・一般管理費予算などを基礎にして編成**され,次期の経営活動の目標値になると同時に経営活動(およびその管理責任者)自体のコントロール,さらにはその評価基準の役割をも果たしています。

目標利益の達成のためには,**予想収益の獲得と許容費用(原価)の達成**とが同時に実現することが求められており,どちらも不可欠です。この予想収益および許容費用(原価)を具体的な個別項目の金額によって予算上明示することを通じて,目標利益の達成が図られることになります。

しかし,対外的な活動の影響を強く受ける予想収益に比べれば,どちらかといえば内部的な活動を反映する許容費用(原価)に対してより一層の実現可能性の期待がかかっていることは明らかといえるでしょう。

その際に,経営管理者にとっては,予算は許容費用(原価)をコントロールすることにも大いに役立っています。**許容費用(原価)をコントロールする**ということは,実際に発生する費用(原価)を予算上計画されている水準に保つことを意味しています。このように,予算は目標利益の達成の成否にとって極めて重要な意味を持っているのです。

3 目標利益と変動費・固定費

　管理会計の領域において利用される**原価概念**には各種のものがあります。ここでは特に，**変動費**と**固定費**という2つの原価概念を理解することが必要です。目標利益の達成に密接不可分の関係にある予想収益の把握についても許容費用（原価）の把握についてもどちらにも**操業度**が大きな関わりを持っています。操業度は抽象的な概念であり，一般には**生産量，生産時間**などの物量値あるいは**売上高**のような金額によって測定されています。この操業度と緊密な関係にある原価概念が変動費と固定費に他なりません。

　変動費は，**操業度に比例して変動するコスト**として一般的には理解されています。例えば，操業度を売上高によって測定するとすれば，売上高の増加に比例して，変動費も増加し，反対に売上高の減少に比例して変動費も減少することになります。その**原価態様**（cost behavior）をグラフに示せば次の図のようになります。原価態様とは**原価の変動の様子**です。

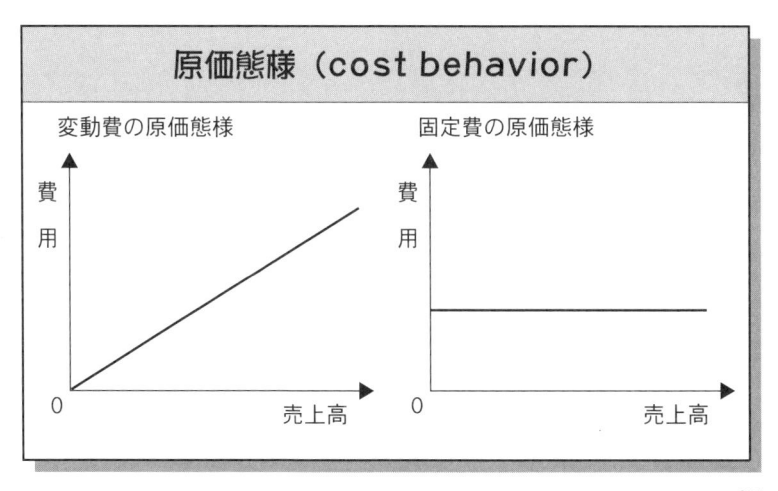

原価態様（cost behavior）

変動費の原価態様

固定費の原価態様

これに対して，**固定費は操業度の高低には全く関係なく発生する一定のコスト**として一般的には理解されています。例えば，前述のように操業度を売上高によって測定するとすれば，**売上高が増加しても，固定費は不変**であり，また**売上高が減少してもやはり固定費は不変**です。その原価態様をグラフに示せば上掲の右図のようになります。この変動費と固定費の原価態様に着目すれば，両者の性質をそれぞれ以下のように示すことができます。

変動費と固定費の原価態様		
	製品1単位あたりのコスト	全体のコスト
変　動　費	一　　　定	変　　　動
固　定　費	変　　　動	一　　　定

　この表から明らかなように，**変動費は製品1単位あたりのコストは常に一定であるものの，操業度の変化に応じて全体のコストが変動する**という性質を持っています。操業度が高くなれば，それに応じて全体のコストも増大し，操業度が低くなれば，それに応じて全体のコストも減少することになります。また，このような**操業度の変化にかかわらず，製品1単位あたりの変動費は変化せず一定**です。

　これに対して，**固定費は全体としてのコスト額は変化することなく常に一定であるものの，操業度の変化に応じて製品1単位あたりのコストは変動する**という性質を持っています。操業度が高くなれば，それに応じて製品1単位あたりの固定費が低下し，操業度が低くなれば，それに応じて製品1単位あたりの固定費が上昇することになります。

したがって，**固定費については在庫の増大を無視して操業度をひたすら高めることによって，計算上は製品1単位あたりのコストの低下を実現させることが可能**です。このような固定費の特性を以下の設例によって確認してみましょう。

ある自動車工場の月間固定費が7億2千万円，月間最大生産量5千台の場合，生産台数の変化に応じて1台あたりの固定費は次のように変化することになります。

1台あたりの固定費の変化

月間固定費	操業レベル	1台あたりの固定費
720（百万円）	3,000台	240,000円
720（百万円）	4,000台	180,000円
720（百万円）	5,000台	140,000円

この設例から明らかなように，5千台生産すれば，3千台生産する場合に比べて，1台あたりの固定費は96,000円低下します。このような場合には**コスト優位性**が生産能力を最大限利用するという動機付けにつながるのです。**操業度を高いレベルに維持することによって製品1単位あたりの固定費をより低いレベルにとどめておくこと**は，生産設備のよりいっそう有効な利用を示しているともいえます。このような「みかけの節約分」が生じる現象は，**規模の経済**と呼ばれています。この現象は，特に固定費の金額が大きい石油・製鉄・航空などの業種の企業および公益事業体において顕著に見られます。

他方では，このような固定費の性質が，しばしば誤った意思決定の誘

因になっているともいえます。その結果として，**操業度の増大によって製品1単位あたりの原価が下がり，利益が計算上は大きくなります。**しかし，そうして操業度を高めて作った製品が売れなかったら，計算上の利益は実現しません。このように，操業度の変化は製品利益の大きさにも影響することになります。

なお，先に示したグラフから明らかなように，**原価態様**はすべて直線によって表されています。実際には，原価態様は必ずしも直線的な動向を示すわけではなく，むしろ**曲線的な動向**を示すといえるでしょう。

例えば，操業度が生産能力の100％に近い水準になれば，超過作業のための割増賃金が発生するので変動費の原価態様は急激な上昇カーブを描くことになります。

他方，売上が極端に低下した場合には工場の閉鎖・従業員の解雇という事態を招き，その結果として固定費の一部の負担が解消されることによって，通常とは異なる原価態様を描くことになります。

もちろん，これらは極端な場合が想定されているとはいえ，通常の経営活動は生産能力のある**一定の範囲内の水準**（これを**正常操業圏**といいます）で行われており，この一定の範囲を大きく逸脱するような大きな変動を回避しようとする傾向を示します。したがって，通常の場合にはこのような正常操業圏の範囲を対象とすればそれで十分といえるのです。そのため，**限定された操業度の範囲においては固定費も変動費もともに直線的な原価態様**とみなされています。

4　CVP分析の役割

　管理会計の最も重要なツールの1つが，CVP分析（cost-volume-profit analysis）です。これは，いわば**コスト（費用・原価）と売上高と利益の関係を分析する手法**であり，事業活動の水準における変化にコストと利益がどのように対応しているのかを知るために広く利用されています。

　一般には，**事業活動の水準は操業度によって表されます**。そしてこの**操業度は，売上高あるいは生産量などによって測定**されます。

　このCVP分析を通じて，具体的には以下のような問題に対する対応策が提示されることになります。

CVP分析が取り組む問題

① すべてのコストをまかなうためにはどれだけの売上げが必要か。
② 一定の営業利益を得るためにはどれだけの製品が販売されなければならないか。
③ もし生産能力を拡大した場合には，収益性はどのようになるのか。
④ 販売部門のスタッフ報酬について固定給から歩合給に変更した場合には，その効果はどのようになるのか。
⑤ 広告宣伝のためのコストを増額した場合には，現状の営業利益を維持するためには売上高をどれだけ増加させる必要があるのか。

　経営管理者は，CVP分析を利用することによって，このような現実に直面する問題に対する合理的な解答を導き出すことができるのです。上記のような問題について，いずれの場合にもCVP分析は，何らかの経営上の意思決定を行うことによって，その結果としてコストと売上高

と利益にどのような変化が生じることになるのかを分析することに他なりません。

　したがって，ＣＶＰ分析は**コストと売上高と利益という３つの要素の相互関係に着目**することによって，いずれかの要素の変化がほかの要素にどのような変化をもたらす（あるいはどのような反応を示す）のかを計算上シミュレーションしてみた上で，最適の計算結果をもたらす条件を見極めるための手段といえるでしょう。

　ＣＶＰ分析を利用した分析方法として**感度分析**と呼ばれる技法があります。この感度分析は，販売単価，売上数量，単位あたり変動費，固定費というコスト・売上高・利益に変動をもたらす要因に着目し，これらを変化させることによって，**利益の変化を確認するための方法**です。

〔設　例〕
　Ａ社では自社製品Ｘについて以下のような次期の営業利益が予想されている。

　ここで，４つの変数（①販売単価，②売上数量，③単位あたり変動費，④固定費）について，計画を変更した場合の営業利益への影響を調べるために，次の(ア)～(エ)のそれぞれの場合を想定して営業利益を計算し，どの場合に営業利益が最大となるのかを判断しなさい。

当初の予想される営業利益計算
　売　上　高：販売単価＠￥2,000×売上数量6,000個＝1,200万円
　変　動　費：単位あたり変動費＠￥800×売上数量6,000個＝480万円

固定費：650万円

営業利益：70万円〔1,200万円－(480万円＋650万円)〕

- （ア）　販売単価を10％値上げすることによって，売上数量が20％減少する場合。ただし他の条件は上記の当初の計算と同一とする。
- （イ）　販売単価を10％値下げすることによって，売上数量が15％増加する場合。ただし他の条件は上記の当初の計算と同一とする。
- （ウ）　品質向上のため原料の調達先を変更することにより，単位あたり変動費が15％増加し，売上数量も15％増加する場合。ただし他の条件は上記の当初の計算と同一とする。
- （エ）　設備取り替えにより固定費が20％増加し，単位あたり変動費も20％増加し，売上数量が10％増加する場合。ただし他の条件は上記の当初の計算と同一とする。

　この設例について，(ア)〜(エ)のそれぞれの場合の営業利益を計算すれば，次のようになります。

〔単位：万円〕

	（ア）	（イ）	（ウ）	（エ）
売 上 高	1,056	1,242	1,380	1,320
変 動 費	384	552	634.8	633.6
貢献利益	672	690	745.2	686.4
固 定 費	650	650	650	780
営業利益	22	40	95.2	－93.6

　これらの計算結果を当初予想の営業利益と比較すれば，(ウ)の場合の営

業利益が最大となることがわかります。ここから得られる帰結としては，当初予想の販売単価を維持し，製品の品質改善のために材料の品質向上とこれに伴う需要の増加による生産量の増大が予想されるということです。

なお，ＣＶＰ分析を利用する際には，これが以下の仮定を前提としていることに留意しなければなりません。

ＣＶＰ分析を行うための前提条件

1. 製品1単位あたりの販売単価は一定である。
2. 複数の製品を販売する場合には，その組み合わせ割合（セールス・ミックス）は一定である。
3. 固定費は，正常な範囲内の売上高のレベルでは一定である。
4. 変動費は，売上高に対して一定割合である。
5. 生産量と販売量は常に一致する。
6. 工場の生産能率は一定である。

したがって，ＣＶＰ分析を行う場合には，これらの仮定が実際には常に成立しているとは限らないことを考慮しておくことが必要です。もし，販売単価，セールス・ミックス，固定費・変動費，操業度に何らかの変化が生じた場合には，経営管理者はこれらの変化を考慮に入れた上でＣＶＰ分析を実施しなければなりません。

5 損益分岐点

CVP分析は，一般的には**損益分岐点分析**(break-even point analysis) とも呼ばれています。**損益分岐点**は，次のグラフから明らかなように売上高の態様を示す**売上高線**と総コストの態様を示す**総コスト線**とが交差する点を意味しています。

この損益分岐点から横軸（x軸）に垂線を引いた際に横軸と交差する点（図表の目盛①）が**損益分岐点における売上高**（以下，**損益分岐点売上高**といいます）を示しています。したがって，損益分岐点売上高は，**売上高の金額と総コストの金額とが釣り合うことによって利益も損失も発生しない売上高**ということもできます。

この売上高を超えれば超えるほど利益は増大することになります。反対に，この売上高に届かなければ届かないほど，それだけ損失が拡大することになります。このようなコストと売上高と利益の関係は次のグラフ（利益図表または損益分岐点図表といいます）から読み取ることができるでしょう。

コスト・売上高・損益の関係

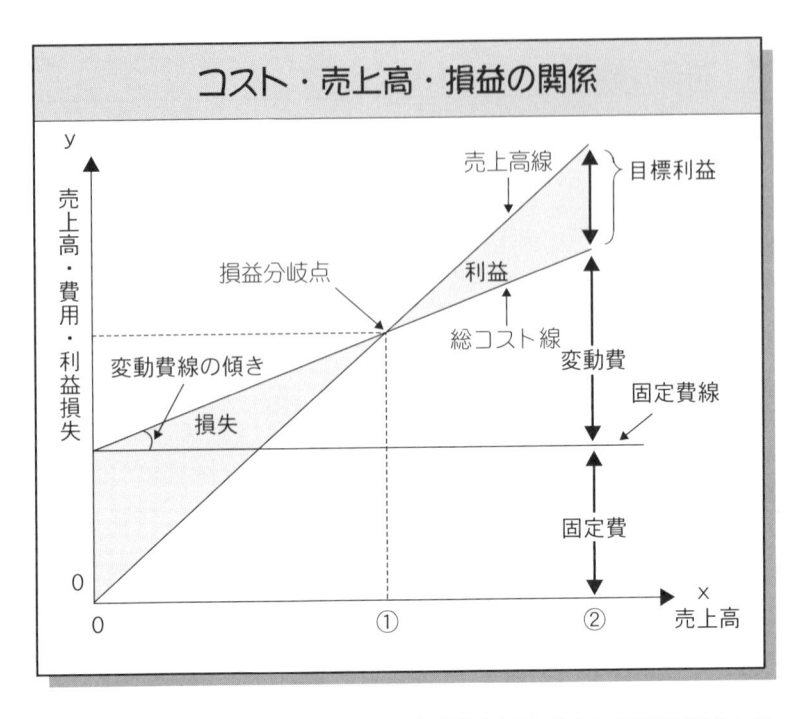

損益分岐点分析では，総コストは変動費と固定費とに**原価分解**されることになります（これを**固変分解**ともいいます）。その理由は，既に述べたように操業度に応じた原価態様の相違に見出されます。

また，グラフ上の横軸の目盛①が**損益分岐点の売上高**を示しており，目盛②は**目標利益を達成するために必要な売上高**を示しています。したがって，損益分岐点は最低限の水準として，総コストを回収できる売上高を示しているに過ぎず，目標利益を実現させる売上高の達成に向けて企業活動が行われなければならないことはいうまでもありません。

このグラフから明らかなように，**損益分岐点を引き下げる方法**としては次の3つの対応が考えられます。

> ## 損益分岐点を引き下げる方法
> ① 固定費を削減する。
> ② 変動費率を低下させる。
> ③ 売上高を増大させる。

これらの方法はいずれも前掲のグラフ上の目盛①をゼロに近づけるような作用をもたらすことになるので，結果として損益分岐点を引き下げる効果があります。

損益分岐点における売上高は，以下の計算式によって求めることができます。この計算式の右辺の分母では，1から売上高に占める変動費の割合を控除していますが，この分母の値は**貢献利益率**〔後述〕と呼ばれています。

$$損益分岐点売上高 = \frac{固定費}{1 - \dfrac{変動費}{売上高}}$$

この損益分岐点売上高を利用すれば，**安全余裕度**という指標の数値を計算することができます。この安全余裕度は，以下の計算式によって求めることができます。

$$安全余裕度① = 実際の売上高 - 損益分岐点売上高$$

$$安全余裕度② = \frac{実際の売上高 - 損益分岐点における売上高}{実際の売上高} \times 100 \, (\%)$$

安全余裕度①は，上記の計算式から明らかなように，計算結果は金額によって表されます。この金額は，いうまでもなく売上高の低下余地（下限は損益分岐点売上高）を意味しています。

　これに対して，安全余裕度②の計算結果は実際の売上高が損益分岐点売上高までどれほどの低下余地があるのかについての**割合**を示すことになります。この割合を示す値が大きければ大きいほど，それだけ売上高の低下に対する余裕が大きいことを意味しています。この安全余裕度②は，**安全率**（あるいは**安全余裕率**）とも呼ばれています。

　この安全余裕度に着目すれば，損益分岐点を引き下げることが有利であることは明らかです。そのためには，前述のように，**固定費の削減**（**固定費線の下方向への移動**），**変動費率**（＝**変動費線の傾き**）**の低下**，あるいは**売上高の増加**（＝**売上高線の傾きの上昇**）を実現させることが必要であることがわかります。

6 貢献利益アプローチ

一般に，変動費・固定費は，主として**直接原価計算**という名の損益計算の方法において重用されています。この損益計算の構造は端的には以下のように示すことができます。

売　上　高	750,000	（円）
－変　動　費	300,000	
貢　献　利　益	450,000	
－固　定　費	360,000	
営　業　利　益	90,000	

この計算構造から明らかなように，原価を変動費と固定費とに分解することによって，売上高からまず変動費を控除して，**貢献利益**（**限界利益**ともいう）が求められています。このことは，**売上高が実質的には変動費の回収分と貢献利益の獲得分という2つの要素によって構成**されていることを意味しているといえます。

つまり，この事例では75万円の売上高のうち30万円分が変動費の回収に役立っており，残りの45万円分が貢献利益とみなされているのです。

この**貢献利益**は，固定費の回収と営業利益の獲得に貢献する利益として理解されています。計算上は，この**貢献利益から固定費を控除することによって営業利益**が求められます。この事例では，45万円の貢献利益が36万円の固定費の回収に貢献し，最終的には9万円の営業利益が獲得されたことが計算上示されているのです。

さまざまな経営上の意思決定を行うためには伝統的な**全部原価計算**よ

りもこの**直接原価計算**がより一層有効といえるでしょう。目標利益の設定およびこれを具体化する年次予算による経営活動の統制・業績評価にとってもこの計算構造は適しています。重要な指標の１つである**貢献利益率**を算定する場合にもこの計算構造が役に立ちます。貢献利益率は，以下の計算式によって求められます。

$$貢献利益 = 売上高 - 変動費$$

$$貢献利益率 = \frac{貢献利益}{売上高} \times 100 （\%）$$

この計算式から明らかなように，**貢献利益率は売上高に占める貢献利益の割合**を示しています。

先の事例によれば，売上高に占める貢献利益の割合は，45万円÷75万円＝0.6となります。この0.6という数値が貢献利益率に他なりません。

他方，キッズ・ケア事業を想定し，幼児１人についての託児料収入は１か月あたり５万円，１人あたりの変動費（主に１日２回のおやつと昼食の費用）は２万円，事業全体の月間固定費は36万円，現時点での受け入れ幼児は15名と仮定して貢献利益を検討してみましょう。この場合の幼児１人あたりの貢献利益は３万円と計算されます。

売上高（５万円×15名＝75万円）
　　　－変動費（２万円×15名＝30万円）＝45万円

45万円÷15名＝３万円

ここで，幼児1人あたりの売上単価（託児料収入単価）に占めるこの貢献利益の割合を示す指標もまた貢献利益率に他なりません。この貢献利益率は，以下の計算式によって求められます。

$$貢献利益率 = \frac{幼児1人あたりの貢献利益}{売上単価} \times 100（\%）$$

これを一般化すれば，次のように示すことができます。

$$貢献利益率 = \frac{製品・サービス1単位あたりの貢献利益}{製品・サービス単価} \times 100（\%）$$

この**貢献利益率**は，厳密には製品・サービス1単位あたりの貢献利益率ということができます。上記の事例の場合には，この製品1単位あたりの貢献利益率は3万円÷5万円＝0.6となります。この3万円という貢献利益は幼児1人あたりの売上単価（5万円）と幼児1人あたりの変動費（2万円）との差額です。

この**貢献利益率**を利用すれば，107ページの損益分岐点売上高を求める計算式は，次のように表すことができます。

$$損益分岐点売上高 = \frac{固定費}{貢献利益率}$$

つまり，107ページの計算式の分母を変形すれば，結果として貢献利益

率の計算式となります。したがって，この事例の場合には，固定費（36万円）÷貢献利益率（0.6）から，損益分岐点となる売上高は，60万円となります。また，この売上高を確保するために必要な幼児数は，この60万円を1人あたりの売上単価（5万円）で割って求めることができますが，固定費（36万円）÷幼児1人あたりの貢献利益（3万円）によって求めることもできます。この結果として，必要人数は12名となります。

$$損益分岐点の人数 = \frac{固定費36万円}{貢献利益3万円（人）} = 12名$$

ここで，例えば**目標利益**が30万円の場合に，これを達成するために必要な売上高はいくらになるのかを計算してみましょう。前掲の計算式によって，固定費（36万円）と目標利益（30万円）の和を貢献利益率（0.6）で割れば目標利益を達成するために必要な売上高を求めることができます。その結果，110万円の売上高となります。つまり，30万円の目標利益を達成するためには売上高が110万円必要になるということです。その場合の必要な幼児数は，売上単価が5万円であることから，22名であることはいうまでもありません。

$$\begin{array}{c}目標利益を達成\\するための人数\end{array} = \frac{固定費36万円＋目標利益30万円}{貢献利益3万円（人）} = 22名$$

7 原 価 予 測

　ＣＶＰ分析にとっては，生産・販売量の変化によって原価がどのように変動するのかを予測することは欠かせません。このような原価の変動を予測することを**原価予測**といいます。

　この原価予測には，大別すれば**ＩＥ法（industrial engineering method）**と**過去の実績データにもとづく予測法**という２つのタイプがあります。前者は，**投入量と産出量との最適な関係から発生する原価を予測する方法**であり，後者は，これまでに**実際に発生した原価データから将来発生すると思われる原価を予測する方法**です。

　なお，過去の実績データにもとづく予測法には，具体的には以下の４つの方法があります。

過去の実績に基づく原価予測の方法

① 費目別精査法（accounts classification method）
② スキャッター・チャート法（scatter-chart method）
③ 高低点法（high-low method）
④ 最小２乗法（least squares method）

　これらの方法は，原価推定のためのアプローチにはそれぞれ相違があるものの，原価態様を一次関数によって推定しようとすることについては共通しています。したがって，いずれの方法も$y=ax+b$という一次関数におけるaによって表される**変動費率**とbによって表される**固定費**とを推定するための方法といえます。

(1) 費目別精査法

　この方法によれば，個々の費目（勘定科目）について，変動費または固定費のどちらに分類されるのかを経験的に明確に判断できる場合には，その判断に従って分類され，不明確な場合には適切な基準によって変動費部分と固定費部分とに分割されます。

　この方法では，具体的な費目の集計を通じて変動費額と固定費額が推定されるので，**予定される操業度に応じた変動比率**を求めることによって，2つの定数が推定され，原価を予測することが可能となります。

　とはいえ，固定費（部分）か変動費（部分）かの判断には**恣意性が入り込む余地**が大きく，そのため予測の信頼度は高くありません。変動費と固定費が客観的な基準に従って区分されることが保証されているのであれば，誰がその区分をおこなっても同じ結果が得られることになり，それによって同一の原価予測が可能となりますが，その基準が明確でない場合には，区分を担当した人によって原価予測が異なることになります。

(2) スキャッター・チャート法

　この方法によれば，実際の個々の原価データを方眼紙にそれぞれ書き入れた図（これをスキャッター・チャート（またはスキャッター・グラフ）〔散布図〕といいます：次ページの図）にもとづいて，点在する原価データに最も当てはまると考えられる直線（傾向線）を目分量で引き（次の右図），この直線（傾向線）とy軸との交点から切片を読み取って，これを**固定費額**とみなす一方で，この**直線の傾き**を読み取ってこれを**変動費率**とみなす方法です。この2つの定数が推定されることによって，原価を予測することが可能となります。

Chapter 4 短期利益計画

スキャッター・チャート（散布図）

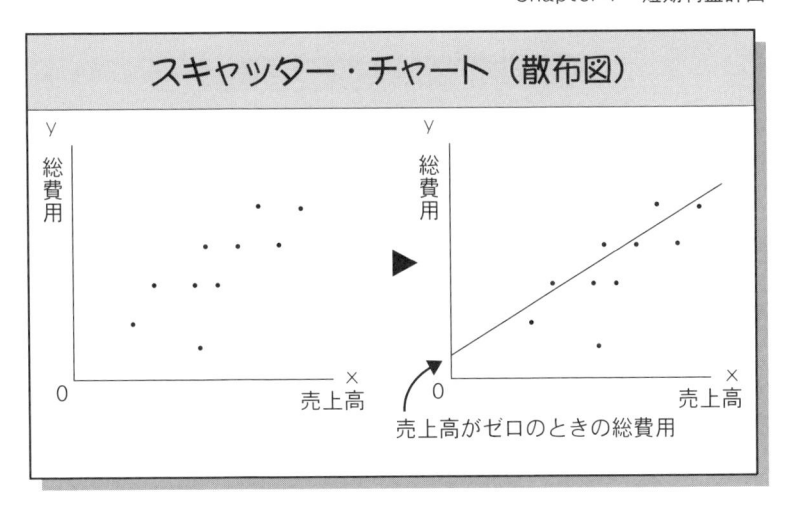

（左図）Y軸：総費用、X軸：売上高

（右図）Y軸：総費用、X軸：売上高、矢印：売上高がゼロのときの総費用

　この方法では，目分量によって原価直線が引かれるというような**目視による主観的な作業**に依存する方法であるために，同一人物であっても同一の原価データから常に同一の予測ができるとは限りませんし，ましてや第三者が同一の予測結果を得ることも困難といえるでしょう。

(3) 高 低 点 法

　この方法によれば，原価データの中から**最も操業度の高い場合の操業度・コスト額に関する数値（高点）**と，**最も操業度の低い場合の操業度・コスト額に関する数値（低点）**とを用いて2つの**座標が確定**されることによって，原価を予測することが可能となります。

　次ページの図式から明らかなように，この2つの座標を結ぶ直線の傾きは，高点の縦軸の座標である450,000と低点の縦軸の座標である330,000との差（120,000）を高点の横軸の座標である900と低点の横軸の座標である300との差（600）で割ることによって求められます。この事例の場合には，傾きは120,000÷600＝200となります。また，切片は330,000－（200×300）＝270,000と求められます。

115

高低点法に必要な2つの座標

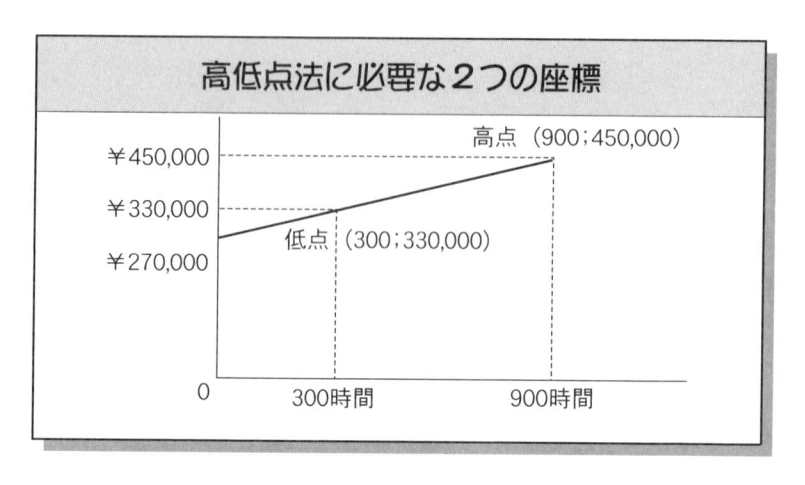

¥450,000 .... 高点（900；450,000）
¥330,000
¥270,000 低点（300；330,000）

0　　　300時間　　　900時間

　この270,000という値は，上記の直線を縦軸方向に延長した場合の両者の交点を意味しています。この結果として，$y = 200x + 270,000$という一次関数が推定されることになります。

　この方法では，原価データの分散傾向が直線的であるか，曲線的であるかにかかわらず，最低点と最高点とを利用して**原価直線を推定**することから，簡単な方法ではあるものの推定精度には難があるといわざるを得ません。しかし，原価データが同一であれば誰が計算をしても同じ結果が得られますから，その原価予測を後から検証することは可能です。

(4)　**最小2乗法**

　これまでに概観した方法は，いずれも推定精度には問題があるといわざるを得ません。これに対して，この方法によれば，実際の個々の原価データを示すグラフ上に存在する点から原価直線に引いたそれぞれの垂線の長さの2乗和が最小となるような直線にあてはまる切片と傾きの値を求めることによって，原価を予測することができます。確かに，この方法によれば原価の**推定精度は高く**なりますが，計算が煩雑になります。

Chapter 4　短期利益計画

誤差の2乗とは

金額

b・
　　　　・
・　　・a・
・　　　　　・　　　・
　・　　・　　c・

売上高

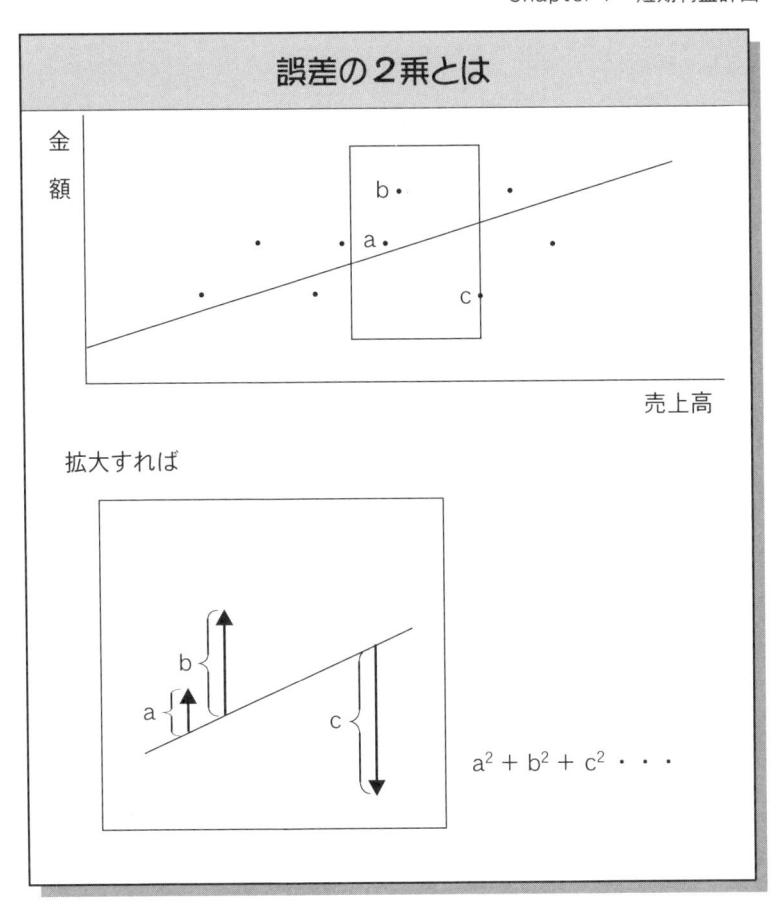

拡大すれば

b
a
c

$a^2 + b^2 + c^2 \cdots$

　この方法を詳しく解説することは，本章に許される紙幅の都合上困難ですから，ここでは，以下の簡単な設例によって，一次関数 $y = ax + b$ にあてはまる a と b の値を求めてみましょう。

〔設 例〕

A社の工場における直近4か月間の生産量と原価のデータが以下のように示されている。

月	生 産 量	製 造 原 価
1	86個	98,000（円）
2	70個	82,000（円）
3	82個	96,000（円）
4	74個	84,000（円）

この資料にもとづいて，以下の計算表に必要な数値を記入してこれを完成させなさい。

月	x （生 産 量）	y （製造原価）	$x \times y$	x^2
1月				
2月				
3月				
4月				
合計	$\Sigma x =$	$\Sigma y =$		

なお，xおよびyの記号は次のような意味を持っています。

　　x：コストドライバー〔例えば生産量，作業時間〕

したがって，Σxはその総量を示す。

　　y：原価〔例えば，混合原価，製造間接費〕

したがって，Σyはその総額を示す。

与えられた数値にもとづいて上記の計算表に計算結果を書き込めば，次のようになります。

Chapter 4　短期利益計画

月	x (生産量)	y (製造原価)	x×y	x^2
1月	86	98,000	8,428,000	7,396
2月	70	82,000	5,740,000	4,900
3月	82	96,000	7,872,000	6,724
4月	74	84,000	6,216,000	5,476
合計	Σx =312	Σy =360,000	Σ(x×y) =28,256,000	$Σx^2$ =24,496

　この計算を結果を利用して y＝ax＋b にあてはまる a と b の値を求めることができます。その際に，この a と b を含む**連立方程式**が必要になりますが，その計算式は次のように示されます。

　　$Σy＝nb＋aΣx$ ……………………………………………①
　　$Σ(xy)＝bΣx＋aΣx^2$ ……………………………………②

　なお，これらの計算式における記号は次のような意味を持っています。
　　a：変動費率
　　b：固定費の金額
　　n：観測値の数

　そこで，上記の計算結果をもとにして，この連立方程式に数値を代入することによって得られる方程式を示せば，次のようになります。
　　360,000＝4b＋312a ……………………………………①´
　　28,256,000＝312b＋24,496a ……………………………②´
　これを解けば，a（変動費率）の値および b（固定費）の値をそれぞれ求めることができます。その結果として a および b は次のような値となります。

119

a＝1,100　　b＝4,200

　したがって，y＝1,100x＋4,200という**原価直線**が推定されたことになります。この計算結果から，例えば5月の予想生産量が80個であるとすれば予想される製造原価は，この計算式のxに80個を代入することによって求めることができます。その計算結果は，92,200円となります。

　この計算結果およびこれを導き出す計算手順から明らかなように，この方法は誰が計算しても原価データが同一であれば，同じ計算結果となります。客観性も計算精度も高い方法であるといわれる所以です。

CHAPTER 5
予算管理と責任会計

1 予算の役割
2 予算制度の概要
3 予算編成の機能
4 ゼロ・ベース予算と活動基準予算
5 責任会計

1 予算の役割

　企業規模の大小には関係なく，ほとんどすべての企業において採用されている仕組みが**予算**です。もちろん，企業の規模に応じて予算の精粗の程度には差があるものの，**予算の仕組みを利用せずに経営活動を行っている企業はほとんどない**といえるでしょう。もし企業が「どんぶり勘定」といわれるような大まかな計算を行っていれば，その企業の経営は立ち行かなくなってしまいます。

▷**予算の弱点**

　もちろん，**予算**にも弱点はあります。例えば，あらかじめ決められた予算によって**経営資源の配分が固定的になり，企業環境の変化への対応の柔軟性に欠ける**ということが指摘されています。

　しかし，この世に完全無欠のツールなどありません。ある目的には最適の手段と考えられていても，時の経過とともに新たな最適の手段が生まれることもあるでしょう。その時点では従来から存在する手段はその特定の目的にとっての最適の手段ではなくなってしまうのです。それでも**予算は，古くから存在する管理会計の重要なツール**であり，その存在を無視して企業経営を行うことはできません。

▷**資金は企業の生命線**

　企業経営においては，**予定されている流入資金と予定されている流出資金とのバランスが適正に保たれていること**は資金不足に陥らないためにも極めて重要なことです。**資金**は，企業にとってはいわば**生命維持には不可欠の要素**といえるでしょう。

　利益を計上していても資金の流れが途絶えてしまえば，いかに規模の

Chapter 5　予算管理と責任会計

大きな企業といえども経営破たんしてしまうことはこれまでの歴史が明確に示してくれています。特に，日常の営業活動に用いられる資金は**運転資金**と呼ばれていますが，この管理は企業の存亡にかかわるほどに大切なものです。このような資金は，実際には製品・原材料あるいは商品の購入，製造のための労務費・経費の支払い，販売のための人件費の支払い，その他の営業活動に際して発生する諸経費の支払いに充当されます。その原資は主に売上代金・債権の回収です。

　運転資金の管理は，このような資金の流入と流出とを予測して，これを適切にコントロールすることによってその**調達と運用のタイミングと規模のバランスを維持**することを主な目的としています。

▷**予算管理の重要性**
　しかし，そのような運転資金の管理だけでは実際の経営活動を十分にコントロールすることはできません。その際に，運転資金の管理と並んで利用される方法が**予算管理**です。予算は費目ごとに予算額が設定され，実際の経営活動を行う際の目標となります。

　特に，次期に予想される収益と費用とのバランスを保持することはあらかじめ設定されている**目標利益**を達成するためにも欠かせません。それゆえ，**予算は，一定期間の収益と費用をあらかじめ予測して見積もる**という側面を持っています。企業活動は，この予測に可能な限り即して行われているのです。したがって，予算は企業が活動を継続し，存続していくためには不可欠のツールといえます。**予算管理**とは，このような**予算による管理**です。

▷**予算管理は企業の羅針盤**
　それでは，**予算による管理**とはどのようなことを行うことでしょうか。

ここでは2つの視点から考えてみましょう。通常，企業はあらかじめ設定された経営計画に即して，戦略を立案した上で実際の経営活動を行っています。その際に**予算**はいわば**経営上の羅針盤の役割を果たしている**といえるでしょう。

例えば，航海の場合には目標となる行き先が決まれば，次にどのような航路で進むのかを決めなければなりません。その上で船は常に自分の居場所が本来予定された正しい場所であることを確認することも必要であり，また状況に応じて今後の適切な進路を確定することも必要です。

▷**目標利益の設定**

これと同じことが企業にもあてはまります。企業もどれだけの**利益**あるいは**利益率**を当面の目標として活動していくのかということを決めて，この**目標利益**あるいは**目標利益率**を達成するために具体的な活動計画を立てます。その上で企業は実際に活動を行います。目標が明確になっていなければそのための手段も決められず，その結果として具体的に「何をどうすべきか」ということも決まりません。そして，具体的な活動が設定された目標に向かって順調に予定通り適切に行われているのか否かということを常に確認しなければなりません。予算は，その**目標を金額によって表現**しているといえます。

一般に「総額で○○円の予算」といわれることもありますが，この予算の金額が実際の活動によって**発生する費用に対する支出の目安**を表しています。ここに予算の1つの役割を見出すことができます。それは，企業の経営活動に欠かせない**計画を金額に置き換えて表現すること**です。この金額は，**将来の収入・支出についての予測値**に他なりません。それは具体的には予想される収入と予想される支出を意味しているといえるでしょう。

しかし，予算はただ単に予測値としての意味しかないわけではありません。**予算が確定**すれば，その企業に属するすべての組織構成メンバーは**企業価値を創出する**という**企業目標**を達成するための**目標利益の実現**に向けて自らの経営活動に従事する際に，予算を強く意識することになります。何をするにしても，予算は1つの**判断基準**となります。

それは，例えば**コスト削減**，**新規事業の規模**，**新規採用の人員**，**販売活動の内容**あるいは**研究開発**などに関して具体的な活動において目標となったり，場合によっては制約となったりします。

▷**予算による経営のコントロール**
そしてさらに，予算は業績の良し悪しの判断基準としても役立ちます。つまり予算は**業績の測定尺度**の役割を果たしているのです。これらのことは，予算が**コントロール・ツールとしての役割**も果たしていることを意味しています。ここに予算のもう1つの役割を見出すことができます。それは，企業の**経営活動そのものを予算によってコントロールすること**です。

予算によって経営活動自体がコントロールされるということは，例えば経営活動に必要な支出といえども，無条件に制限もなく支出されて良いわけではなく，**予算によって歯止めが掛かっている**ということです。しかも**予算は経営活動に影響を及ぼすだけではなく，意思決定にも影響**を及ぼすこともあります。それは，予算の規模が制約条件となって，選択される代替案が限定されるような場合です。このことの是非は別にして，予算は経営活動と切り離せない関係にあることは明らかでしょう。

以上のように「**予算による管理**」は2つの大きな役割を果たしている

のです。つまり、予算によってあらかじめ**計画を明確にすること**、そしてその予算によって**実際の活動をコントロール**することです。この2つの役割は予算の本源的な役割といえます。このような関係を簡単に図式化すれば、次のように示すことができます。この図から明らかなように、予算は経営計画と実際の経営活動とを強く結びつけるとともに、その一体化に役立っているのです。

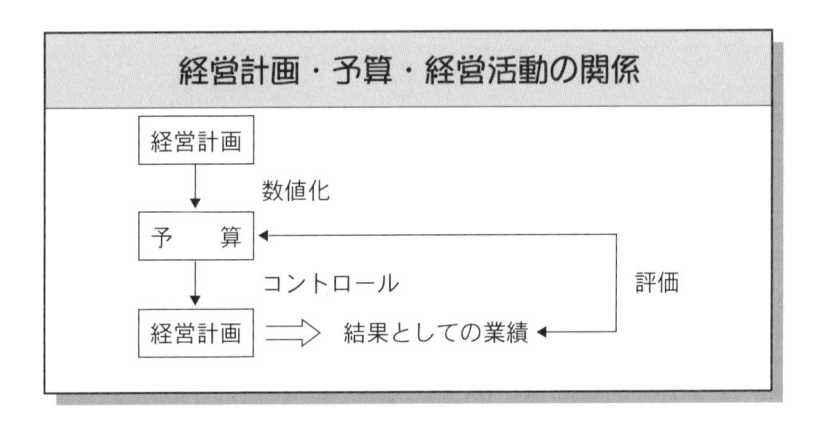

経営計画・予算・経営活動の関係

```
経営計画
  ↓  数値化
 予 算 ←─────────────┐
  ↓  コントロール      │ 評価
経営計画 ⇒ 結果としての業績 ─┘
```

しかし、この2つの役割は、時として**トレードオフ**の関係になることがあります。特に、実際の活動に対するコントロールの一環としての業績評価の測定尺度という役割を強調し過ぎると、各部門の管理者は**良い業績評価を得るために達成の容易な予算数値を設定**しようとする傾向がみられます。

そのことによって、実際の活動は一見すると適切にコントロールされ、良い業績評価が得られたように思われるものの、実際には計画を明確化した**予算そのものが容易に達成できるような低い水準に設定**されていたことから、結果として計画がコントロールによって阻害されてしまうという現象が生じることになります。

▷**予算スラック**

　このような現象は**予算スラック**と呼ばれています。もちろん，ある程度の予算の「ゆるみ」は必要です。予算の厳しさと現実の水準との関係を図示すれば次ページのようになります。本来設定されるべき現実的なレベルにおいて目標が設定されていれば，その目標は十分に目標としての機能を発揮することができるでしょう。

　しかし，このレベルを下回るようなレベルでの目標設定，また現実にはあり得ないような現行の業務達成レベルを下回るようなレベルでの目標設定は「ゆるみ」を大きくするだけです。その「ゆるみ」があまりにも大きい場合には目標としての機能を十分に果たせないだけではなく，本来はるかに大きな利益獲得の可能性があったにもかかわらず，低い目標を設定していたために企業全体としても多大の利益獲得機会を失ってしまうことになりかねません。

　このような現象が生じないようにするためには，**目標としての予算**について，企業を形成する各階層間の意思疎通・意見調整が十分に行われた上での**合意形成**がなされていることが必要です。

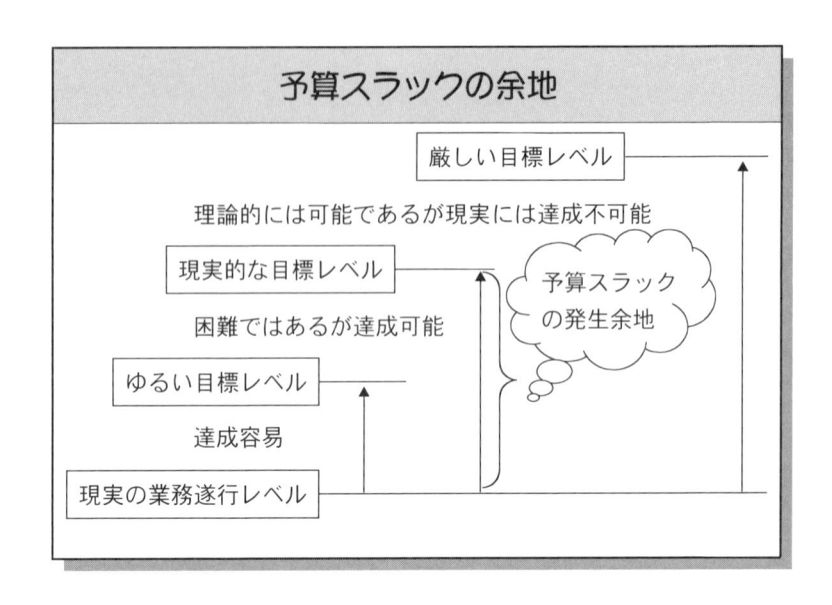

予算スラックの余地

厳しい目標レベル

理論的には可能であるが現実には達成不可能

現実的な目標レベル

困難ではあるが達成可能

ゆるい目標レベル

達成容易

現実の業務遂行レベル

予算スラックの発生余地

2 予算制度の概要

▷予算の種類

予算はいろいろな観点から区分することができます。**予算の主体**を基準にすれば，**企業全体についての予算**か**企業を構成する各部分についての予算**かという2つの区分が考えられます。

この区分によれば，予算には企業全体の予算を示す**全体予算**（または企業予算）と**部門予算**があります。両者の関係については2通りの捉え方が可能です。1つは，**全体予算を細分化したものが部門予算**という捉え方です。

実際に，企業全体としての目標を定め，その目標を達成するための経営計画・戦略を策定し，これを具体的に財務上の数値として明確化したものが予算であるとしても，企業の構成要素である各部門にその目標を指示し，これを達成させるためには全体予算そのものではなく，これを当該部門に限定して明示する方がより効果的といえます。そこで実際には，各部門ごとに当該部門の目標とともに部門予算が提示されることになるのです。

これに対してもう1つの捉え方は，**部門予算を統合したものが全体予算**という捉え方です。製造にしても販売にしても現場のことは現場のスタッフが最も正確に把握していると考えられます。この捉え方によれば，その現場の要望を反映させて個々の部門の予算を作りこれをまとめて全体予算を作るということになります。

これらの2つの捉え方は，次に取り上げる**予算の作り方**にも関連しています。

また，期間の長さを基準にすれば，Chapter 4 で紹介したように，予算には**長期予算**，**中期予算**および**短期予算**があります。

▷**予算編成の方法**

予算を確定させることを**予算編成**といいます。予算編成の方法には一般に次のような3つの方法が考えられています。

(1) トップダウン方式

この方式は，トップマネジメントが中心となって予算を編成し，これを各部門およびその構成スタッフに提示する方式です。

この方式では，予算にはトップマネジメントと呼ばれる**企業の経営管理者の意図が強く反映**されると同時に，各部門およびその構成スタッフにとっては目標達成が厳しい内容になる傾向が見られます。この方式の場合には，いわば上意下達の強権的なイメージが付きまとうことになります。

(2) ボトムアップ方式

この方式は，上記のトップダウン方式とは反対に，企業を構成する各部門の要求を最大限取り入れて，これを全体としてまとめる方式です。

この方式では**各部門の要望が強く反映される**ことになると同時に，各部門およびその構成スタッフにとっては都合のよい，しかも**目標達成も比較的容易にできるような内容になる傾向**が見られます。この方式の場合には，トップダウン方式とは全く逆に下意上達というイメージが当てはまります。

130

(3) 折衷方式

現実には前記の2つの方式は両極的な方式として位置付けることができます。どちらの方式も極端すぎて企業にとっては必ずしも最適な方式とはいえません。なぜならば、**トップダウン方式**では**予算の厳格さ**（このことを**タイトネス**といいます）の度合いが過度に高くなる傾向があるために、その結果として目標達成へのモチベーションが欠けることになり、目標未達という結果に終わりがちです。つまり、目標はあまりに高すぎると、あるいはあまりに厳しすぎるとむしろ逆効果になってしまうということです。

これに対して、**ボトムアップ方式**では確かに現場の声は十分に反映されることになるかもしれませんが、そのことは企業にとっては必ずしもよいことではありません。目標があまりに低すぎると、あるいはあまりに甘すぎるとむしろ現場の士気は高まらないのです。つまりそれほどの努力をしなくても容易に達成できるような水準の目標ではモチベーションは高まりません。

そこで、両者の**中間的な方式**として実際に用いられている方式が**折衷方式**です。この方式は、その名の通り2つの方式の良いところを取り入れて組み合わせるというような発想から生まれた方式です。

良いところとはモチベーションを高めるような目標の設定と現場の意見を取り入れるということです。これらをどの程度に組み合わせるかは、当然のことながら個々の企業によって異なります。

わが国の企業では、この折衷方式が多く採用されているようですが、**実態としてはトップダウン方式に近い折衷方式**といわれています。この場合には、予算編成に各部門の代表者が参加し、自分の部門の要望を伝

える機会は与えられているようですが，その要望が必ずしもすべて聞き入れられるわけではありません。

　一般に**企業全体の最適化**は，企業活動を行う上での重要な判断基準といえます。予算編成にあたって，各部門の要望を最大限尊重することは，確かに**部分最適化**にはつながりますが，そのことが必ずしも**全体最適化**を保証するわけではありません。むしろ，**部分最適化が全体最適化を阻害する**こともあります。したがって，予算編成にあたっては**全体最適化を優先させて個々の部門間の利害を調整する**ことが極めて重要といえるでしょう。そのことがかえって全体の無駄を省くことに役立ちます。

　その際に，企業全体の最適化を最優先するあまりに，個々の部門の意向を無視するようなことがあっては，士気の低下を招き良い結果を期待することはできません。前述のように，予算の厳格さも度を過ぎれば，目標としては機能しなくなります。つまり，最初から目標が高すぎてやる気を失ってしまうのです。

　とはいえ，予算を緩くすることを認めればすでに指摘したような**予算スラック**という現象が生じます。どちらも企業にとっては好ましい状態ではありません。このような状態を生み出さないためにも各階層間での十分な意思疎通・意見調整を行った上での**合意形成**が欠かせません。合意が形成されるということは，合意した本人にとっては**一種の契約が成立**したことを意味します。この契約は，**責任会計**と密接にかかわることになります。その詳細は後ほど解説することにしましょう。

▷予算編成のプロセス

　通常，編成される**予算**は，向こう1年間の企業全体の計画されたすべての経営活動に関連する収入・支出が集約・集計されたものです。一般

的には，**事業部制**を採用している場合の予算編成に関する一連の手順はおおむね次のような内容になります。その際に，**予算編成が経営計画と連動**していることが重要です。

予算編成のプロセス
① 予算編成の方針を確定・提示： 　全社レベルの利益計画および経営戦略に関連する財務指標の提示
② 各事業部門（場合によってはさらに細分化された事業単位）への①の割当
③ 各事業部門レベルでの戦略と活動目標の検討
④ 各事業部門内での個人レベルの活動目標への展開 　同時に活動目標達成のための部門予算の作成
⑤ 各事業部門レベルでの戦略と活動目標と予算の整合性の評価・検討
⑥ 全社レベルでの戦略と活動目標と予算の整合性の評価・検討
⑦ 全社レベルでの調整
⑧ 全社レベルでの承認・全社への伝達

以上のような一連の手順によって予算は編成されることになります。**予算**はいわば**資金の裏付けを与える**ことであり，実際には**経営資源が投入される**ことを意味しています。経営資源を投入するからには相応の業績が求められることはいうまでもありません。予算編成の段階では，予算管理の一方の役割が果たされたことになりますが，予算編成の終わった後は，予算管理のもう一方の役割であるコントロールが始まることになるのです。

▷ **予算編成における会計情報の収集**

前述の予算編成のプロセスは基本的なおおまかな流れを示しているに過ぎません。実際には予算編成は多大の時間と労力をかけて行われる作業です。その予算編成のプロセスの中で、会計に関連する部分のみを抽出して具体的に示せば、おおむねその内容は次のようになります。

予算編成のプロセス（会計関連）

i．業務予算の編成

　a．販売予測
　b．生産計画の設定
　c．製造原価予算の策定
　d．売上原価予算の策定
　e．営業費用予算の策定

ii．見積財務諸表の作成

　a．見積損益計算書の作成
　b．現金予算の策定
　c．見積貸借対照表の作成

これらの構成要素は必ずしも同時に進行して準備されるわけではありません。例えば、見積財務諸表の作成は、これに必要な販売予測データ、製造原価予算、売上原価予算および営業費用予算などが揃って初めて行われることになります。また、**資本支出予算の編成**がこの一連の手順の中に含まれることもありますが、なるべく単純化するためにここでは省略します。

例えば製造業の場合には、予算編成の中での会計情報の収集に関する一連のプロセスは次のようなステップによって形成されています。

会計情報の収集プロセス

第1ステップ：販売予測

　販売予測は予算編成の出発点といえます。この予測は過去のデータ・経験，一般的な事業状況，経済状況，競争レベルなどにもとづいて行われます。販売予測は，生産計画のみならず，収益および変動費の見積りにも不可欠です。

第2ステップ：製造原価・営業費用のための予算見積り

　販売予測が確定すれば，それにもとづいて生産計画が立てられ，年間の製造原価・営業費用が見積もられます。予算の中でのこれらの要素は，販売水準にもコスト・売上高の関係にも依存しています。

第3ステップ：見積損益計算書の作成

　販売予測，製造コストおよび業務費用のための予算にもとづいて，見積損益計算書が作成されます。

第4ステップ：現金予算の見積り

　予算期間の予想される収入と予想される支出とを見積もることによって，現金予算は立てられます。現金予算は，他の予算の影響を受けます。つまり，予想される収入の大きさは販売予測，債権の回収期間の長さあるいは債権管理のあり方に依存しています。また予想される支出の大きさは，製造コスト予算，業務予算，資本支出，債務の弁済期間の長さに依存しています。さらに，予想される借入，債務の返済，現金配当などの大きさも現金予算には反映されることになります。

第5ステップ：見積貸借対照表の作成

　この見積貸借対照表は，様々な資産，負債および資本に関連する現金取引の影響がすべて確定しなければ作成されません。また，この見積貸借対照表は，予想される資本支出と予想される純利益によっても影響を受けます。

▷**予算編成のケーススタディ**

前述の「予算編成における会計情報の収集」の各ステップに即して、以下の設例を用いて予算編成における会計情報の収集のプロセスを概観してみましょう。

〔設　例〕

A社は中小企業向けの低価格の基幹統合ソフトを製造・販売している。20×0年には、販売実績が予想を下回ったために多くの在庫を抱えてしまった。しかもキャッシュ・フローの状態も悪く、手元にある現金がごくわずかとなってしまっているのでこの点が改善できるような予算を編成しなければならない。

幸いに次期の20×1年通期の見通しは比較的良好である。以下の資料は、主に20×1年の第1四半期と第2四半期についての予測であり、必要に応じて20×1年通期の予測が含まれている。

これらの予測に基づいて、見積損益計算書、現金予算および見積貸借対照表を作成してみよう。なお、会計期間は4月1日から3月31日である。

《基礎データ》

期首貸借対照表
20×1年4月1日（単位：万円）

資産の部	
現　　　　金	200
売　掛　金	4,500
材　　　　料	800
製　　　　品	1,200
建物・機器	8,400
減価償却費	− 400
資産合計	14,700

Chapter 5　予算管理と責任会計

負債・純資産の部
買　掛　金	1,700
借　入　金	3,000
資　本　金	10,000
負債・純資産合計	14,700

《データ#1》　販売予測：20×1年通期

P：パッケージ

	第1四半期	第2四半期	第3四半期	第4四半期
予想販売量	4,000P	5,000P	6,000P	6,000P
販売単価	30,000円	30,000円	30,000円	30,000円
予想売上高	12,000万円	15,000万円	18,000万円	18,000万円

《データ#2》　生産予測：20×1年通期

P：パッケージ

	第1四半期	第2四半期	第3四半期	第4四半期
予想販売量	4,000P	5,000P	6,000P	6,000P
（加算）期末製品必要在庫量	500P	1,000P	1,000P	1,000P
販売可能量	4,500P	6,000P	7,000P	7,000P
（減算）期首製品在庫量	2,000P	500P	1,000P	1,000P
予定生産量	2,500P	5,500P	6,000P	6,000P

《データ#3》　見積製造原価：20×1年通期に適用

製品1パッケージあたりの変動費
　　直接材料費：3,000円
　　直接労務費：5,000円
　　製造間接費：2,000円
四半期あたりの固定製造間接費：550万円

《データ＃4》 製造原価予測：20×1年上半期分

	第1四半期	第2四半期
変 動 費		
直接材料費（@¥3,000）	750万円	1,650万円
労務費（@¥5,000）	1,250万円	2,750万円
製造間接費（@¥2,000）	500万円	1,100万円
固 定 費	550万円	550万円
製品の製造原価	3,050万円	6,050万円
製品1パッケージあたりの製造原価	12,200円	11,000円

第1四半期の各費目の計算

　　直接材料費：@¥3,000×2,500P＝7,500,000円

　　労 務 費：@¥5,000×2,500P＝12,500,000円

　　製造間接費：@¥2,000×2,500P＝5,000,000円

　　製品1パッケージあたりの製造原価：30,500,000÷2,500P

　　　　　　　　　　　　　　　　　　＝12,200円

第2四半期の各費目の計算

　　直接材料費：@¥3,000×5,500P＝16,500,000円

　　労 務 費：@¥5,000×5,500P＝27,500,000円

　　製造間接費：@¥2,000×5,500P＝11,000,000円

　　製品1パッケージあたりの製造原価：60,500,000÷5,500P

　　　　　　　　　　　　　　　　　　＝11,000円

《データ＃5》 期末在庫製品数量・原価予測：20×1年上半期

	第1四半期	第2四半期
単価×予想在庫量	@¥12,200×500P	@¥11,000×1,000P
期末在庫製品原価	6,100,000円	11,000,000円

《データ＃6》 売上原価予算：20×1年上半期分

(単位：万円)

	第1四半期	第2四半期
期首在庫製品原価	1,200*1	610*2
(加算) 当期製品製造原価	3,050*3	6,050*3
販売可能製品原価	4,250	6,660
(減算) 期末在庫製品原価	610*4	1,100*4
販売製品原価	3,640	5,560

＊1　20×1年期首貸借対照表より
＊2　データ＃5より
＊3　データ＃4より
＊4　データ＃5より

《データ＃7》 営業費用予算：20×1年上半期分

(単位：万円)

	第1四半期	第2四半期
変動営業費用	600	750
固定営業費用（四半期あたり）	3,000	3,000
営業費用予算	3,600	3,750

第1四半期の営業費用の計算：なお@¥1,500は所与のデータ。

　製品1単位あたり@¥1,500×4,000P＝6,000,000円

第2四半期の営業費用の計算：

　製品1単位あたり@¥1,500×5,000P＝7,500,000円

　なお，第1・第2四半期に共通して，固定営業費用（四半期あたり）3,000万円は所与のデータ。

《データ＃8》 現金収支予算：20×1年通期

関連事項

① 製品の販売および材料の購入についてはすべて掛けにて行われてい

る。
② 売掛金は当期に60％，次期に40％の割合にてそれぞれ現金により回収され，買掛金はすべて次期に現金にて決済される。
③ 買掛金（1,700万円）についての決済日が第1四半期に到来する。
④ 第1四半期に発生が予想される買掛金（1,000万円）についての決済日が第2四半期に到来する。
⑤ 借入金の利息の支払いについて四半期ごとの均等負担額として第1四半期には30万円発生する。
⑥ 借入金については，第2四半期末に借入額の半額の返済が行われる。
⑦ 第3四半期期首に取引先銀行より1,500万円の借り入れが予定されている。
⑧ 材料購入高（すべて掛）については，第1四半期においては1,000万円，第2四半期においては1,800万円がそれぞれ予定されている。
⑨ 労務費・人件費についての支出は，第1四半期においては1,250万円，第2四半期においては2,750万円予定されている。
⑩ 労務費・製造間接費（変動・固定）については，簡略化のためすべて現金によって支払われると仮定されている。
⑪ 販売費・一般管理費についての支出は営業費用予算としてデータ＃7に示されている通りである。
⑫ 20×1年には固定設備の新規購入・買い替えは予定されていない。なお，既存の固定資産についての減価償却は年々400万円ずつ直接法により行われている。

本来，以上の情報に加えて法人税等の支払いも実際には考慮される要素となりますが，ここでは簡略化するためにこれを省略しています。

以上のデータを基礎にして20×1年の第1四半期と第2四半期の見積損益計算書を作成してみると次のような内容になります。

Chapter 5　予算管理と責任会計

見積損益計算書
20×1年第1四半期・第2四半期　　（単位：万円）

	第1四半期	第2四半期
売上高（データ#1）	12,000	15,000
売上原価（データ#6）	3,640	5,560
売上総利益	8,360	9,440
営業費用		
販売費・一般管理費（データ#7）	3,700	3,850
支払利息（データ#8）	30	30
当期利益	4,630	5,560

（注）　販売費・一般管理費の中に減価償却費100万円（年間償却額400万円の4分の1に相当）が含まれている。

また，現金の受領と支払いに関するデータ#8に基づいて20×1年の上半期を対象とする現金予算を作成すれば次のようになります。

現金予算：20×1年上半期　　（単位：万円）

	第1四半期	第2四半期
現金期首有高	200	4,270
収入：売上債権の回収	11,700	13,800
借入金	—	—
支出：買掛金支払	1,700	1,000
業務費支払	5,900	8,150
利息支払	30	30
借入金返済	—	1,500
現金期末有高	4,270	7,390

（注）　業務費支払の中には営業費用だけではなくデータ#8⑩により労務費・製造間接費が含まれている。

この現金予算から当初の課題となっているキャッシュ・フローが改善されることは明らかでしょう。それでは必要なすべての会計情報が揃ったことになりますので，以上のデータに基づいて**見積貸借対照表**を作成してみましょう。20×1年第1四半期（20×1年6月30日時点）と同年第2四半期（20×1年9月30日時点）の見積貸借対照表を作成すれば次のような内容になります。

見積貸借対照表　　　　　（単位：万円）

	20×1年第1四半期	20×1年第2四半期
資　産　の　部		
現　　　　　金	4,270	7,390
売　　掛　　金	4,800	6,000
材　　　　　料	1,050	1,200
製　　　　　品	610	1,100
建　物　・　機　器	8,000	7,900
減　価　償　却　費	△　100	△　100
資　産　合　計	18,630	23,490
負債・純資産の部		
買　　掛　　金	1,000	1,800
借　　入　　金	3,000	1,500
資　　本　　金	14,630	20,190
負債・純資産合計	18,360	23,490

　以上のようにして，見積損益計算書，現金予算，見積貸借対照表が作成されることになります。

3 予算編成の機能

　予算編成のプロセスは，企業を取り巻く環境の変化あるいは顧客の好みの変化に対応するために**企業自身が変化するきっかけ**となります。また，予算編成のプロセスは企業内部の調整をはかることを通じて**情報を引き出し，伝達すること**につながります。

　他方では，予算編成のプロセスを通じて**経営資源の利用と責任の所在が明確にされること**にもなります。このことが各部門の管理者にとっては**目標達成への動機付け**となり，さらには報奨のための**業績評価の尺度**にもなります。

　このように，予算は本源的な役割である経営計画の財務数値による表示と経営活動のコントロールという2つの役割を果たしているだけではありません。他にも重要な役割を果たしているのです。そのような役割は，予算の仕組みが本来備えている機能というよりは，むしろ予算を利用することによってもたらされる効果といえるでしょう。ここでは，そのような予算編成の持つ2つの機能について考えてみましょう。

▷調整機能
　一般に，予算には**調整機能**が備わっているといわれています。その調整機能とはどのようなものなのでしょうか。

　トップマネジメントは，企業にとって長期的視野に立脚した主要な意思決定を行わなければなりません。そのような意思決定を行うために必要な情報の一部分は企業組織の構造上トップマネジメントより下位の管理者が持っていることがあります。そこで，トップマネジメントは，そのような下位の管理者が有する情報をすくい上げなければなりません。

このような企業組織の下層から上層への情報の流れを**情報のボトムアップ・フロー**といいます。予算編成のプロセスにおいて，この情報のボトムアップ・フローが生じることによってトップマネジメントは，自らがなすべき長期的視野に立脚した主要な意思決定に必要な情報をすべて収集することができるのです。

他方，中級・下級の管理者もまた意思決定を行わなければなりません。彼らにとっても適切な意思決定を行うためには必要に応じてトップマネジメントが有する情報を利用しなければなりません。このような場合には企業組織の上層から下層への情報の流れが必要となります。このような情報の流れを**情報のトップダウン・フロー**といいます。

要するに，企業組織の各層において情報の共有化が進めば進むほどこのような情報のフローは双方向に拡大することになります。この**情報の共有化**は，予算編成のプロセスにおいて各層間の相互の情報提供が行われることによって一層促進されることになります。

そして，このような情報の共有化が進むことによって，各層間の相互の理解が深まり，さらには垂直方向のみならず水平方向にも情報の共有化が進めば，より一層の相互理解が進むことになります。このような理解を基礎にして初めて合理的な調整が可能となります。

▷**評価機能**
　一般に，予算には**評価機能**が備わっているといわれています。その評価機能とはどのようなものなのでしょうか。

　予算は，企業組織の構成メンバーを動機づけるための目標として利用されていることは紛れもない事実といえるでしょう。各層の管理者に

Chapter 5　予算管理と責任会計

とっても予算は目標となります。

　例えば，テニスラケットを製造する工場の管理者が月間4千万円の予算で1万本の製造を目標として課されている場合に，1万本はもちろん目標ですが，4千万円の予算も目標であることを見落としてはいけません。むしろ，予算の観点からは物量的な数値よりも金額のほうが重要です。

　もし，実際の結果として予定通り1万本のテニスラケットが製造された場合に，その予定数量が達成されさえすればそれで目標が達成されたことになるのかといえば，それだけでは不十分と言わざるを得ません。

　確かに，1万本のテニスラケットの製造は**物量的な目標**であり，それは達成されたとしても，**予算と実績との差**も重要です。つまり，どれだけのコストをかけてこの1万本のテニスラケットが製造されたのかということがここでは重要となります。もし，そのために6千万円のコストが発生しているとすれば，この実際のコストは4千万円という予算コストを大幅に超過していることになります。このような場合の差異は**不利差異**と呼ばれます。つまり，

```
実際コスト  ＞  予算コストの場合    差異⇒不利差異
6,000万円       4,000万円           2,000万円
```

となります。

　これに対して，もしも1万本のテニスラケットの製造に要した実際のコストが3,800万円であったならば，実際のコストが予算コストを下回っていることになります。このような場合の差異は**有利差異**と呼ばれます。つまり，

145

```
実際コスト ＜ 予算コストの場合      差異⇒有利差異
 3,800万円      4,000万円        200万円
```

となります。

　いずれの場合にも差異が大きい場合には，その原因を特定しなければなりません。そして原因となった問題を見つけ出して，これを修正し改善していくことが必要です。

　特に，**不利差異**の場合には**コスト増大の原因**を明確にすることは今後の活動に大いに役立つといえます。また，有利差異であるからと言って，放置してよいわけではありません。予算の設定に「ゆるさ」がみられるなどの問題があるとすれば，予算設定そのものをより一層厳格に行うというような修正が当然必要となります。

　このように4千万円という予算額を基準にして業績評価が行われるということは，当然何らかの報奨がなければなりません。ご褒美のない目標では魅力がありません。

　このような「予算を業績評価の尺度として利用する」場合には，その結果に応じて何らかの**報奨制度**が整っていることが必要です。もちろん，良い結果が常に出るとは限りません。したがって，結果が良くない場合にはそれ相応の業績評価も当然必要となります。目標が達成できた場合のご褒美と目標が未達成の場合の何らかのペナルティは，上手に活用されれば動機づけとして有効に機能することになります。

　「**アメとムチ**」という表現は，このような報奨制度の特徴をよく表しているといえるでしょう。予算によって相応の権限・責任を与えるから

には結果に対する責任も負うということはきわめて明快なルールであるといえるでしょう。

4 ゼロ・ベース予算と活動基準予算

　通常の予算編成は，前年度の予算を基準にしてこれに追加，あるいはこれから削減するというような発想によって行われることが多いようです。しかし，この方式では予算全体を全面的に見直すことは困難です。長年にわたって予算が配分されていると，本当に必要であるか否かという判断もなくいわば既得権のように「与えられて当然」というような考えに陥りがちです。

　このような，いわば過去のしがらみから脱却するには一度これまでの予算をなかったものにして新たに予算を編成し直してみることも必要です。その際に，大切なことは**企業目標を達成することに対する個々の予算の必要度**あるいはその提案されている**事業・支出の重要性**を評価することです。これによって，予算枠が可能な限り優先度の高い予算から必要な部門に配分されることになります。このような予算編成の方法を**ゼロ・ベース予算**といいます。

　この方法によれば，管理者がその予算の必要性を正当化できないような場合には，その予算は認められません。このゼロ・ベース予算は，**厳格かつ効率的な予算編成**を可能にします。

　他方，**活動基準原価計算**あるいは**活動基準管理**にみられる「活動」に焦点をあてるという発想を適用した**活動基準予算**が比較的新しい予算編成方法として見出されます。この方法は，活動を基準とする原価計算の仕組みあるいはその活動を基準とする経営管理の仕組みを基礎にして構築されています。

　活動基準という名前の由来から明らかなように，実際の活動に着目し

て，その**個々の活動を予算の配分単位**とすることになります。実際の予算編成にあたっては，コストの集計単位となるコスト・プールの適切性，その配分基準となるコスト・ドライバーの適切性，活動原価の正確性を確認する必要があります。つまり，予算編成はこれから先のことを決めることに他なりません。

その時に，過去のデータあるいはそのデータを算定するための過去の基準が将来にも適用できるのか否かの評価をせずに，無条件に取り入れることは合理的とはいえません。**活動基準原価計算**および**活動基準管理**とこの**予算**が一体化することは，従来の予算編成方法を採用する場合に比べて，**予算の合意形成には貢献**するといえるでしょう。

5 責任会計

これまでに述べてきたように,予算は財務数値つまり金額によって表されます。そして予算は企業を構成する事業部あるいは職能別の部門のような個々の組織単位に割り当てられます。予算が割り当てられるということは,その**予算によって示されている金額に対する責任を負う**ことを意味しています。

この責任はその事業部あるいは職能別部門の管理責任者のみが個人的に負うわけではありません。もちろん,最終的には管理責任者の責任が問われることになりますが,予算に対する責任は管理者のみならずその事業部あるいは部門の構成メンバー全員が負わなければなりません。つまり,事業部あるいは部門というような組織単位が1つの予算単位であると同時に,その予算に対する責任を持つということです。

このことは,企業の**組織単位の管理責任**と**会計上の責任**とが結びつけられていることを意味します。しかも,企業の組織単位である事業部あるいは部門には原価および利益目標が予算を通じて割り当てられます。このことによって,各組織単位の管理者は,明確な責任を持つと同時に予算によって業績を測定されることになります。このような仕組みが**責任会計**に他なりません。

このように予算を制度として十分に活用するためには,**予算に対する責任**を明確にすることが欠かせません。この負うべき責任には3種類あります。つまり,**コスト**と**プロフィット**と**インベストメント**です。これらの種類に応じて,何に責任を負うのかという観点から次の3つのタイプの責任センターが考えられます。

> ① コスト・センター（cost center）
> ② プロフィット・センター（profit center）
> ③ インベストメント・センター（investment center）

　一般により大きな責任を持つ管理者は，他の管理者に比べてより一層複雑な意思決定を行わなければなりません。これに対してそれほど大きくない責任しか負わない管理者は，企業価値にあまり影響を与えないような意思決定しか行いません。管理者によって意思決定の重さにこのような相違が生じる背景には，管理者の責任の重みの違いがあるからです。この管理者の責任の相違は，このような3つのタイプの**責任センター**によって端的に表わされています。以下，これらの責任単位について詳しく解説することにしましょう。

▷コスト・センター
　コスト・センターは，文字通り**コストの中心点**であり，**原価中心点**と呼ばれることもあります。この管理者は一般に資産総額に限定して管理を行っているに過ぎず，その一部を売却したり，新たに資産を取得したりする権限は彼らには与えられていません。

　具体的には，**IT部門，財務・経理部門，人事部門，研究開発部門**などが**コスト・センターの典型**といえるでしょう。したがって，これらの部門の管理者はその部門に与えられている資産の管理が主な業務ということになります。コスト・センターの管理者は企業の内部サービス部門の管理者であるといわれる所以です。

　コスト・センターには2つのタイプがあります。一方は，一定額の経営資源が予算として与えられ，この経営資源の金額に相当する**アウト**

プットを生み出すコスト・センターです。例えば、販売部門の管理者は販売スタッフおよび広告・宣伝のための固定予算を与えられていますが、プロフィット・センターが販売部門の管理者になることもあります。この管理者は、その固定予算によって生み出された販売総額にもとづいて評価されます。コスト・センターの管理者は通常予算の範囲内であればインプットの構成を変える権限を持っています。例えば、販売部門の管理者は予算の範囲内であれば、販売スタッフを入れ替えたり、広告・宣伝の方法・内容を変更することはできるのです。

このタイプのコスト・センターの場合には、**管理者の業績測定は**アウトプットの総額とその質**によって行われます。しかし、このような業績測定の尺度を利用する場合には、例えば、製造現場の管理者が**販売可能な水準を大きく超えて過剰に生産**させるというような行動をとるというリスクがあります。しかも、**過剰生産は完成品の保管業務を担当する部門にとってはコスト負担の増加**につながります。したがって、アウトプットを業績測定の尺度にすることは、コスト・センターによっては適当ではない場合もあります。

もう1つのタイプは、**一定の品質のアウトプットを生み出す一方で、コストの最小化に取り組むコスト・センター**です。そのようなコスト・センターの管理者は、**品質を下げることなくコストを低減させることと生産スケジュールを守る**ことによって評価されます。しかし、このような業績測定の尺度を利用する場合には、**コスト削減を進めるあまりその結果として品質の低下につながる**というリスクがあります。そうしたことにならないように、サービス価格(原価)と品質については同じ活動のコスト・センターとの比較でチェックされることになります。

いずれのタイプの場合にもコスト・センターの管理者は価格あるいは

操業規模に責任を持っているわけではありません。彼らは，インプット（経営資源）をアウトプット（生産物あるいはそこから得られる収益）に結び付けるために何をどのように変化させればよいのかということに責任を負っているのです。

▷プロフィット・センター

　管理者の責任は，経営資源の効率利用によるコストの管理にとどまっているわけではありません。**製品に責任を持つ管理者（製造部門または販売部門）**は，**製品のコスト**と**価格決定**に責任があります。

　つまり，この管理者は利益に直結する要素である収益と費用の両方をコントロールしなければなりません。そのような製品管理者は，プロフィット・センターの管理者とみなされます。

　プロフィット・センターの管理者は，一定の経営資源を与えられています。例えば，飲食店あるいはブティックなどの店長は，1つの店舗の運営・管理を任されています。このような店長は，提供する商品の販売価格および品揃えの決定に通常は責任を持っています。そして，その店で提供されるサービスの内容，商品をどのように販売するのかというようなことについての決定にも責任を持っています。その背景には，そのエリアにおける競合店舗との競争に生き残るためには，そのエリアの情報に精通している店長に判断を委ねることが得策だからです。

　もし，そのような権限さえ店舗責任者に与えられていないとすれば，競争相手の価格の変化に対して柔軟かつ即座の対応ができません。それではその店舗はそのエリアでの競争に勝ち抜くことはできないでしょう。

　他方，そのような店舗の運営・管理を委ねられている管理者はその店

の規模を拡大するのか否か，あるいはその店とは別のエリアにもう1つの店舗を出店するのか否かというような意思決定の権限は与えられていません。つまり，そのような意思決定には責任がないのです。これは，より上位の管理者の権限であり責任です。

プロフィット・センターにとっての業績評価の測定尺度は，そのセンターによって**生み出された利益**に他なりません。いうまでもなく営利企業の目標の1つは利益の創出です。したがって，業績評価の測定尺度として利益を用いることは，プロフィット・センターの管理者を企業全体の利益最大化に向かって活動させる動機付けとなります。

しかし，プロフィット・センターは同一企業内の他のプロフィット・センターから常に影響を受けずにいられるわけではありません。例えば，チェーン店の場合にはどこかのエリアの店で顧客が不愉快な思いをすれば，その顧客は別のエリアであってもそのチェーン店を敬遠するかもしれません。

したがって，ある店舗の管理者は他の店舗の利益に相互に影響し合っているといえます。そのため，利益だけを業績評価の測定尺度として利用することが，必ずしも最適な評価につながるわけではありません。そのような場合には，**利益のみならず品質あるいは顧客満足度というような測定尺度も併用する**ことが必要です。

プロフィット・センターの管理者は，コスト・センターの管理者とは**責任の範囲が異なる**のです。

業績評価に際しては，**製造部門の管理者**は要求された製品量を製造するために要したコストによって評価されます。また，**販売部門の管理者**

は，広告宣伝活動および販売スタッフの活動の成果としての売上高によって評価されます。そして，**プロフィット・センターの管理者**は，製造部門と販売部門との結合した成果としての利益を測定尺度としてその業績を評価されることになります。

▷インベストメント・センター

　上述のプロフィット・センターの管理者は，あらかじめ具体化された資産の総額についての利用に権限を制限されています。これに対して，**インベストメント・センターの管理者**は，プロフィット・センターの管理者が有する権限に加えて，現行事業の規模を拡大したり，新たな事業の契約をする権限も与えられています。

　複数の製品ラインを統括してコントロールする立場にある部門管理者は，通常インベストメント・センターの管理者とみなされます。このインベストメント・センターの管理者は，**生産能力を向上**させるため，あるいは**新製品の開発**のため，また新しい地域への**市場拡張**などのために会社全体の業務を統括する業務本部からより多くの資金を引き出すことができます。

　とはいえ，インベストメント・センターの管理者は無条件に好き勝手なことをできるわけではありません。彼らの要求に全社的な経営方針との不整合があったり，その要求が過度の予算要求である場合には，業務本部による承認が必要となります。したがって，**インベストメント・センターの管理者の権限にも制限はあるのです。**

　インベストメント・センターは，通常はいくつかのプロフィット・センターを含んでいます。例えば，チェーン店の個々の店舗は，プロフィット・センターとみなされますが，いくつかの店舗を含む特定の地

域は1つのインベストメント・センターと考えられます。

　つまり，そのインベストメント・センターの管理者は，その地域にあるすべての個々の店舗に対して権限を持ち，責任を負っているのです。もちろん，この管理者は，その地域の中では新たな店舗展開についての決定あるいは既存の不採算店舗の閉鎖についての決定の権限を持っています。

▷**責任センターの相関性**
　前述の3つの責任センターは，ある種の包含関係にあるといえます。つまり，次の図式から明らかなように，企業は，インベストメント・センターによって構成されています。そしてインベストメント・センターはプロフィット・センターによって構成されています。さらにプロフィット・センターはコスト・センターによって構成されています。これらの関係を**階層構造**によって示せば，図のようになります。

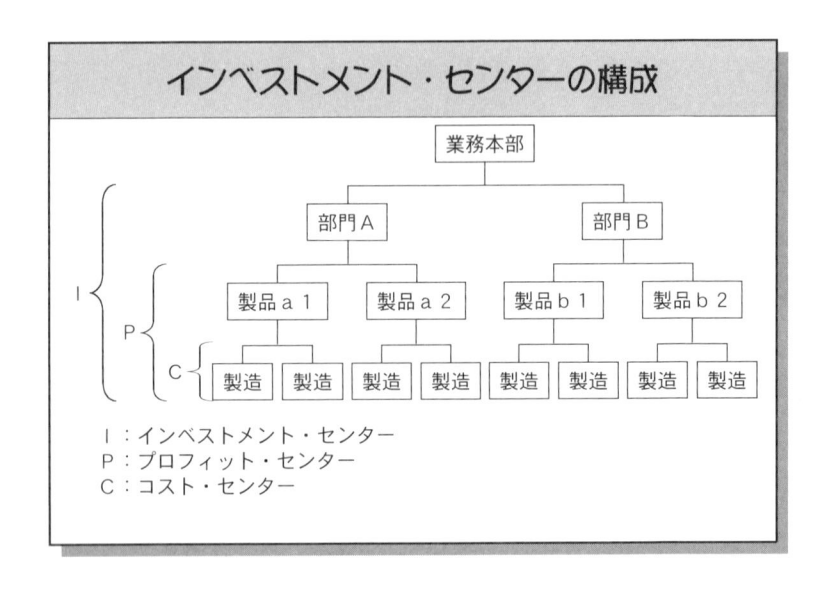

インベストメント・センターの構成

```
                        業務本部
                    ┌──────┴──────┐
                   部門A          部門B
                ┌───┴───┐      ┌───┴───┐
              製品a1  製品a2  製品b1  製品b2
              ┌┴┐    ┌┴┐    ┌┴┐    ┌┴┐
             製造製造 製造製造 製造製造 製造製造
```

I：インベストメント・センター
P：プロフィット・センター
C：コスト・センター

したがって，各センターの管理者の責任もまた一種の階層構造にあるといえます。つまり，インベストメント・センターの管理者が責任センターの中では最も大きな責任を負うことになります。なお，各管理者の業績評価に際しては，当該管理者にとって管理可能な要素のみを考慮することが必要です。

CHAPTER 6
資金管理と
キャッシュ・フロー管理

1 資金管理の目的――経営計画と資金調達
2 資金繰りと資金表(資金繰表)
3 キャッシュ・フロー計算書の種類
4 キャッシュ・フロー計算書の構造
5 キャッシュ・フロー計算書を読むポイント

1　資金管理の目的－経営計画と資金調達

　企業などの組織（以下，企業を例にします）における資金の有り高と資金の流れをコントロールすることを「**資金管理**」といいます。

　企業が永続的に活動を続けるために，工場や店舗を構え，必要な原材料を安く仕入れ，それを効率的に加工して**付加価値**を高め，製品として高く，数多く販売するといった一連の**経営計画**が必要です。こうした計画は，「**ものの流れ**」に沿った「**利益計画**」でもあります。

　これに対して「**資金の流れ**」に沿って，事業に必要な資金をどのようにして調達し（**調達の管理**），それをどのように運用し（**運用の管理**），どれだけの資金を手持ちするか（**有り高の管理**）ということを管理するのが「**資金管理**」です。

▷資金調達の管理
　資金調達の管理は，資金が投下される期間の長短，**資本コスト**（利息や**配当**）の大きさ，**資本構成への影響**などを考慮して，**銀行から借り入れるか**，**社債を発行するか**，**新株を発行するか**，といった資金調達手段の選択を課題としています。

　資金調達といっても，**企業外部からの資金**だけではなく，企業内部からの資金もあります。**企業内部からの資金**には，事業活動によって獲得した資金（売上高）や保有資産（有価証券や固定資産）の売却収入があります。

　ただし，事業活動から得られた資金を事業活動以外の目的（例えば，借金の返済）に充当しますと，事業の継続に支障を来したり，事業を縮

小しなければならなくなるので注意が必要です。

　外部資金の調達には，「**間接金融**」と「**直接金融**」があります。間接金融は，銀行や生命保険会社などの金融機関からの借り入れをいいます。資金の提供者は一般大衆ですが，金融機関が一般大衆から集めた資金を企業が借りるために，「**間接**」**金融**と呼ばれています。

　これに対して，企業が有価証券を発行して，資金の提供者から「直接」に資金を調達する方法を「**直接**」**金融**といいます。株式会社は，通常，**株式や社債を発行して資金調達**することができます。

▷**資金運用の管理**
　資金運用の管理は，収益性の高い事業分野への進出や設備増強など，企業価値を高めるための運用先を選択することを課題としています。投資判断においては，予想される**リスク（投資が回収できない危険）** と**リターン（投資からの収益）** の評価が重要です。

　リスクとリターンは相関関係にあり，「**ローリスク・ローリターン**」（リスクの小さい投資からは，小さなリターンしか得られない），「**ハイリスク・ハイリターン**」（リスクの高い投資からは大きなリターンが得られる）の関係にあります。

　投資先の選択においては，**投資額を何年で回収するかという計算**も重要です。5年後に返済する社債の発行によって調達した資金であれば，5年以内に投資を回収する必要があります。例えば，投資額が10億円で，5年間にわたって毎年2億5千万円のキャッシュ・フロー（税引き後）をもたらす投資案の場合は，

> 投資額10億円÷キャッシュ・フロー2億5千万円＝4（年）

となり，投資案を採択しても資金繰りに困りませんが，毎年のキャッシュ・フローが1億5千万円であれば，

> 投資額10億円÷キャッシュ・フロー1.5億円＝約6.7（年）

となり，調達した資金と期間的にマッチングせず，資金繰りに困ることになりますから，回収期間の計算は重要です。

▷**有り高の管理**

有り高の管理には，資金の現物管理と資金量のコントロールがあります。金庫の中にある現金や**現金同等物**（定期預金などの通帳，コマーシャル・ペーパーなど）は，流動性が高く，盗難・無断持ち出し・紛失などの不正や事故になりやすいものです。現金などは持ち出しが簡単ですし，預金通帳も，社印を偽造したりすれば簡単に引き出せるために，厳重な保管・管理が必要です。

そうした保管・管理には，現金や通帳を厳重に管理して事前に事故に備えることも重要ですが，**定期的に現物と帳簿の記録との照合**や，銀行の**残高証明書との照合**をしたり，**定額資金前渡制**を採用するなど，事故が発生した場合にも被害が広がらなくする手を打っておく必要があります。

資金量のコントロールは，負債の満期日（返済を約束した期日）に，必要な資金を準備しておくことを初め，企業活動に伴ういろいろな支払いや返済に対応できるように，資金計画を立てることをいいます。

万が一，資金計画に失敗して，例えば，自社が発行した約束手形が支

払うべき日(満期日)に支払いができないといった事態になりますと,この手形は「**不渡手形**(ふわたり)」となり,当社と銀行の取引は停止され,取引先との取引もできなくなります。

　企業は,儲けていなくても,損を出し続けていても,資金さえ途切れなければ続けていけます。これを「**自転車操業**」といいます。しかし,企業は,ほんの一瞬でも資金が途切れると,経済界の信用を失い,破綻するのです。資金の有り高をうまくコントロールすることができるかどうかは,企業の生命線でもあるのです。

▷**資金の範囲**
　上では,資金について何も説明しませんでしたが,それは,「資金」の概念がたくさんあって,資金管理の目的によって使い分けるために,先に,資金管理の目的・役割を明らかにしたのです。

　上で述べましたように,「**現物の資金**」を管理するという目的であれば,資金には「**現金**」「**預金(通帳)**」「**コマーシャル・ペーパー**」が入ります。資金調達の管理ということであれば,何をする資金が,どれだけ必要なのかによって,株式や社債の発行,銀行借り入れなどによる新規調達の資金が範囲になります。短期的な債務(借金)の返済能力を高めるという目的には,**手許流動性のある資産**(手許(てもと)にある現金預金など)が資産概念に含まれます。

　さらに**収益性を考えた資金の概念**であれば,「総資産」や「自己資本(株主資本)」を資金とする考えがあります。資金(資本)の収益性は,**資本利益率**で測定します。資本利益率には分母の資本として企業が投下している総資本を取る場合と,株主が拠出した資本(**株主資本**または**自己資本**という)を取る場合があります。

163

$$\text{総資本利益率} = \frac{\text{税引前当期純利益}}{\text{総資本}} = \text{(経営者にとっての)利益率}$$

$$\text{自己資本利益率} = \frac{\text{税引後当期純利益}}{\text{自己資本(株主資本)}} = \text{(株主にとっての)利益率}$$

　総資本利益率は，企業の経営者が，どれだけの資金（資本）を使ってどれだけの利益を上げたかを比率で示すものです。この計算では，資本構成（自己資本と負債の割合）に関係なく，株主が出した資本も銀行から借りた資金（負債）も同じ資本として使われるものとして利益率を計算します。

▷**流動性の管理**

　資金管理がうまくいっているかどうかは，**資金の流動性**と**資金の収益性**という2つの面から評価することができます。

　資金の収益性は，上で紹介した資本利益率で判断します。この指標は，収益性が良くなったか悪くなったかを教えてくれますが，その原因までは教えてくれません。そこで，この算式を以下のように分解してみます。

$$\text{資本利益率} = \frac{\text{利　益}}{\text{売上高}} \times \frac{\text{売上高}}{\text{資　本}}$$
$$\text{（売上高利益率）（資本回転率）}$$

　このように資本利益率を分解しますと，**資本回転率**（回数）が高いほど資金が効率的に使われていることが分かります。

Chapter 6　資金管理とキャッシュ・フロー管理

　この算式で使う「資本」として，企業の本業に投下されている「**経営資本**」を使いますと経営資本の収益性が分かり，**金融資産**（有価証券）に投下されている資金を使いますと余裕資金の収益性が分かります。

　流動性の管理は，**返済期日の到来する負債**（支払手形，借入金など）や**仕入代金，従業員給料，水道光熱費**などを支払う財源をタイムリーに確保するための計画とコントロールをいいます。

　流動性の管理のためには，Chapter 2 の**財務諸表分析**において紹介した，「**流動比率**」「**当座比率**」といった期末時点での**静態分析**の他，**キャッシュ・フロー計算書，資金表，資金繰表**などが活用されています。これらについては，次に紹介します。

2　資金繰りと資金表（資金繰表）

▷**実績の資金表と見積もりの資金表**

　資金繰りは，収入と支出をコントロールすることですが，そのためには，いろいろな種類の**資金表（資金計算書）**を利用します。

　資金表には，**実績を表示する資金表**と**見積もりの資金表**があります。資金表は，収支の把握の仕方によって，次のような種類があります。

　「**資金運用表**」＝当期と前期の貸借対照表項目を比べてみると，項目ごとに増減があります。この増減は，資金の流入（資金の源泉）か資金の流出（資金の運用）にあたるので，これらを分類整理して一覧表示したものを資金運用表といいます。主に，**実績を表示する資金表**として作成されます。

　「**資金移動表**」＝これを作成するには，直接法と間接法という2つの方法があります。いずれの方法でも，資金運用表と違い，損益（計算書）のデータも利用します。例えば，当期の売上げによる収入は，「当期の売上高マイナス売上債権増加額」として計算します。この資金表も，**実績を表す資金表**として作成されることが多いようです。

　「**資金繰表**」＝現金資金を①前月繰越金，②収入，③支出，④次月繰越金のように4区分（6区分する方法もあります）して表示する資金表です。この資金表は**実績表**としても**見積もりによる計画表**としても作成されます。

　このようにたくさんの資金表が考案されていますが，最近では，アメリカ，イギリスをはじめ，わが国でも，**資金としては「キャッシュ」**，

つまり現金・預金に限定した計算書が作成されるようになってきました。そこで作成される資金表を「**キャッシュ・フロー計算書**」とか「**キャッシュ・フロー表**」と呼んでいます。以下では，主に，キャッシュを重視した「資金繰表」について述べることにします。

なお，わが国の企業は，英米の企業と違って**有価証券**などの金融資産への投資が盛んに行われているため，現金・預金に加えて一時所有の市場性ある有価証券も「キャッシュ」に含めて資金繰りを考える必要があります。

しかし，有価証券は現金預金と違って，たとえ市場（証券取引所）があっても，いつでも現金化できるわけではないし，また，現金化し得る額も不安定です。わが国の企業が公表する資金収支の実績表をみる場合には，そうした点を注意する必要があるでしょう。

資金繰表には決まった様式というものはありません。その企業にあったものであれば，後で紹介するような**1部制の資金繰表**とか**3部制の資金繰表**でもよいのです。要は，①資金の動きがよくわかって，②将来の対策がたてやすいものであれば形式を問わないのです。

▷**見積損益計算書と見積資金繰表**

　見積もりによる次期の損益計算書と資金繰表を作成したところ，次のようになったとしましょう。

損益計算書と資金繰表

見積損益計算書（万円）

売　上　高	3,600
売　上　原　価	2,400
売上総利益	1,200
販　管　費	900
（内，減価償却費　100）	
経常利益	300
税　　金	150
税引後利益	150

見積資金繰表（万円）

前　期　繰　越		400
収入	売上げ収入	3,000
	計	3,000
収入	仕入れ支出	2,600
	諸　経　費	800
	設　備　投　資	200
	計	3,600
収　支　過　不　足		△600
次　期　繰　越		△200

　今期の見積もりによる税引後利益は150万円です。しかし，資金繰表を見ますと，前期繰越の資金が400万円あったにも関わらず，次期繰越はマイナス200万円となっています。損益計算書と資金繰表を比べながら，その原因を探ってみましょう。

▷売上高と売上げ収入の差

　損益計算書の売上高は3,600万円ですが，資金繰表を見ますと売上げ収入は3,000万円です。差額の600万円は，**掛売りのために資金が回収されていない**と予想されます。これが資金を減少させる原因となっているのです。売上げはすべて現金収入を伴うものとして扱われていますので，**売掛金が増加すると，同じ額だけ資金が減少する**ものとして計算されるのです。

▷売上原価と仕入れ支出

損益計算書の売上原価は2,400万円，資金繰表の仕入れ支出は2,600万円です。2,600万円分の商品を仕入れ，2,400万円分を売ったのですから，200万円は**在庫が増加**したものと考えられます。これも**資金の減少**になります。

▷減価償却費

損益計算書の販管費は900万円で，資金繰表の諸経費の支出は800万円です。費用として900万円計上されながら支出は800万円ということは，現金の支出を伴わない費用が100万円あることになります。損益計算書の販管費に内書きとして減価償却費100万円が記載されています。**減価償却費**が計上された分は**現金の支出を伴いません**ので，その額だけ**資金が増加**するものとして計算するのです。

▷税　　金

経常利益は税金を払う前の（税込み）金額ですが，**税金は当期中には支払わなくてもよい**として，見積もりの資金繰表では支出項目にあげていません。そこで，経常利益300万円を全額**資金の増加要因**とみています。

▷設 備 投 資

期中に**設備投資**の計画があり，200万円を支出する予定です。この投資は減価償却されるまでは費用化（資金回収）されないので，全額**資金の減少**となります。

以上の検討をまとめたのが次の表です。期間としてみると資金は600万円減少します。前期からの繰越資金400万円を充当しても，200万円不足します。この資金不足額をどうやって埋めるか，それを考えるのが**資金繰り**です。**売掛金の回収を早める，仕入れを抑える**，期中に予定して

いる**設備投資を延期する**，**新たな資金を調達する**，いろいろな手が考えられるでしょう。

▷１部制の資金繰表

１部制の資金繰表は，収入と支出を網羅的に対照表示するものです。

１部制の資金繰表

科　　　目		４月	５月	６月	７月	８月
前　月　繰　越						
収入	売上げ　現金売上げ					
	売掛金回収					
	受取手形入金					
	手　形　割　引					
	借　　入　　金					
	雑　　収　　入					
	計					
支出	仕入れ　現金仕入れ					
	買掛金支払い					
	支払手形決済					
	販売費・管理費					
	支　払　利　息					
	設　備　投　資					
	借　入　金　返　済					
	雑　　支　　出					
	計					
次　月　繰　越						

基本構造としては，①前月繰越，②当期収入，③当期支出，④次月繰越，の4区分とし，収入と支出は，売上げ入金，手形割引，借入れ，雑収入などの収入と，仕入れ支払い，販管費支払い，設備投資，借入金返済，雑支出などの支出に細分します。

資金繰表は，資金繰りに役立てるために作成されるものですから，過去の月は**実績値**で記入し，将来については**見積もり値**を記入します。例えば，7月以降の資金繰りを検討するときは，4月から6月までは実績値を，7月以降は見積もり値を記入するのです。過去の実績は将来の見積もりの基礎になるという意味で非常に役に立ちますので，これを参考にして将来の資金繰りを考えるのです。

▷ 3部制の資金繰表

上に紹介した**1部制の資金繰表**は，収入も支出も発生原因別に分類されていないため，資金繰りが苦しくなってきても，その原因を把握しにくいという欠点があります。

そうした欠点を補うには，**収入と支出をその発生源泉別に分類して，**発生源泉を同じくする収支を対応させる必要があります。次に紹介する**3部制の資金繰表**はそうした対応表示の工夫が加えられています。

3部制の資金繰り表は，すべての収入・支出を次のように3つに区分して対照表示します。

① 経 常 収 支

経常収支は，主たる営業活動（本業）に関係する収入・支出と，営業外活動（主に財務活動）のうち資金調達活動の収支（借入れとその返済・増資）を除いたもの（主に，利息・配当金の受取りと支払い）をい

います。

　収入としては，売上げ収入と営業外収益の収入（財テクの収入）があり，支出としては，商品代価，原材料代価，販管費の支払い，営業外費用（財テクの支出）があります。

　②　設備等の収支
　設備等の収支は，①にも入らず③にも入らない収支をいいます。収入としては，固定資産の売却代金や有価証券の売却代金などがあり，支出としては，固定資産の取得にかかる代金，有価証券の購入代金，税金・配当金・役員賞与などの支払いがあります。

　③　金融関係の収支
　これには資金調達活動の収支が含まれ，収入としては，借入れ，社債の発行，手形割引，増資などによる収入があり，支出としては，借入金の返済，社債の償還，減資などによる支出があります。

　3部制の資金繰表を例示しておきます。

3部制の資金繰表

科目			4月	5月	6月	7月	8月
前月繰越(A)							
経常収支	収入	現金売上げ 売掛金回収 売手期日回収 雑収入					
		合計(B)					
	支出	現金仕入れ 買掛金支払い 支手決済 販管費支払い 利息支払い 雑支出					
		合計(C)					
	差引(D)=(B)−(C)						
設備等の収支	収入	有価証券売却 …………					
		合計(E)					
	支出	機械購入 …………					
		合計(F)					
	差引(G)=(E)−(F)						
金融収支	収入	借入れ 手形割引 …………					
		合計(H)					
	支出	借入金返済 社債償還 …………					
		合計(I)					
	差引(J)=(H)−(I)						
収支残合計(K) =(D)+(G)+(J)							
次月繰越(L)=(A)+(K)							

▷**資金繰りはボクシング**

　ところで上に紹介した3部制（この名称は便宜的に付けられたもので，資金繰表自体に決まった形がないことから正式な名称もありません）の資金繰表では，**資金として「現金預金」**，つまり，保有する現金と要求払いの預金を想定しています。ところが，わが国の企業においては，**余裕資金（余資）を有価証券（とくに上場株式）によって運用**することが一般化しています。上場会社（銀行・証券を除く）1社平均で100億円，全社で20兆円もの有価証券を短期所有しているのです。資金繰りにおける有価証券の役割はきわめて大きいといえるでしょう。

　これまで紹介した資金繰表は，有価証券は売却されてはじめて資金収入として扱うものでした。しかし，わが国企業の資金繰り・資金運用を見ますと，**短期所有の上場証券は資金繰りのかなめの1つです**。一時所有の有価証券は「**資金のたまり**」ともいうべきものです。そこで，現金預金だけでなく，有価証券をも含めた資金概念の資金繰表が必要になるのです。

　従来，わが国の「**有価証券報告書**」に記載されていた資金表は，そうした資金概念を採用していました。しかし，会計ビッグバンによって導入された「キャッシュ・フロー計算書」では，株式などは価格変動リスクが大きいとして資金（キャッシュ）の範囲から除かれています。

　導入されたキャッシュ・フロー計算書は，そうした点で，わが国の実状を十分に反映したものとはなっていません。わが国の場合，株式などの有価証券が「余裕資金のたまり」になっている以上，例えば，キャッシュ・フロー計算書の欄外に，おおざっぱな時価情報を記載するなどの工夫が必要なのではないかと思われます。

Chapter 6 資金管理とキャッシュ・フロー管理

この「キャッシュ・フロー計算書」については,後でお話します。

　ここでは,資金繰表の概要を紹介しました。資金繰りは,企業の生命線です。しかも,たった1回の失敗が致命傷になるのです。よくいわれますように,**資金繰りはボクシングと同じで**,一度マットに沈んだらそれで終わりなのです。敗者復活戦などはありません。

　これに比べますと,本業の方は,リーグ戦みたいなもので,一度くらい失敗しても失地回復のチャンスはいくらでもあります。本業では常勝軍でなくてもいいのですが,**資金繰りだけは連戦連勝**しなければ企業生命を失うのです。

3 キャッシュ・フロー計算書の種類

上の方で，**営業循環**の話をしました。営業活動が現金からスタートして，商品や製品に変わり，それが売られて再び貨幣性の資産（売掛金，受取手形，現金など）に戻るという循環です。

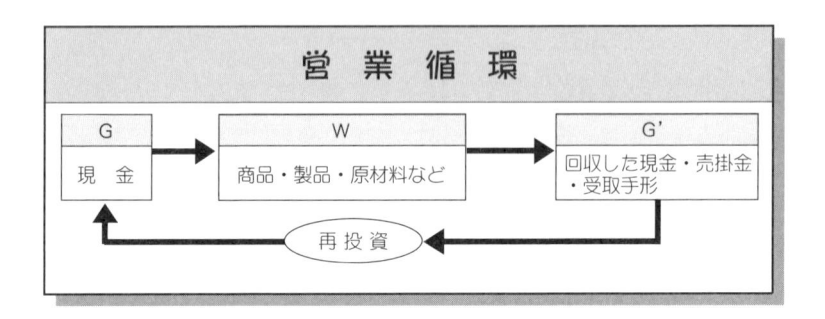

```
┌─────────────────────────────────────────────┐
│              営 業 循 環                     │
│                                              │
│   ┌──────┐      ┌────────────┐    ┌──────────────┐
│   │  G   │ ───▶ │     W      │──▶│     G'       │
│   │ 現 金 │      │商品・製品・  │    │回収した現金・売掛金│
│   │      │      │原材料など   │    │・受取手形      │
│   └──────┘      └────────────┘    └──────────────┘
│      ▲                ┌──────┐             │
│      └────────────────│ 再投資 │◀───────────┘
│                       └──────┘
└─────────────────────────────────────────────┘
```

この営業循環は，見方によっては，**資金の循環過程**でもあります。現金からスタートして現金に戻る資金循環です。

キャッシュ・フローは，おおざっぱにいいますと，この資金循環に入ってくるフロー（営業資金の借入れなど）と現金に戻ってくるフロー（売上代金の回収など）を**キャッシュ・インフロー**として把握し，資金循環から出ていくフロー（配当，納税など）と現金が他の資産に変わるフロー（商品仕入れ代金の支払いなど）を**キャッシュ・アウトフロー**として把握するものです。企業を1つの大きな貯金箱として見たときの，貯金（現金）の出し入れをキャッシュ・フローというのです。

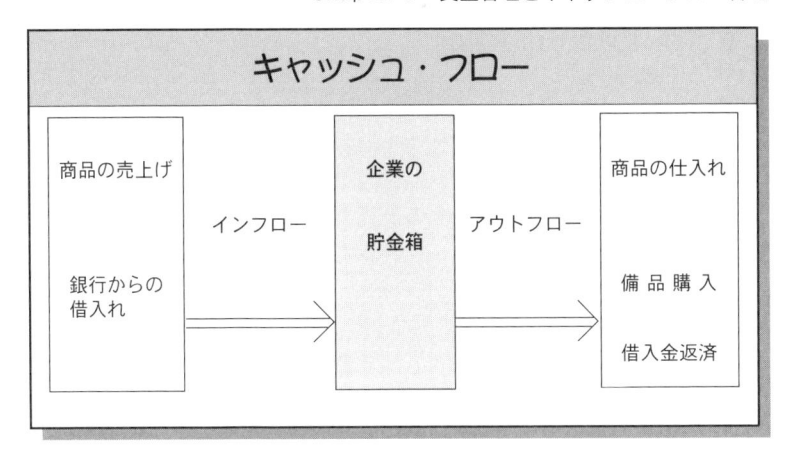

Chapter 6 資金管理とキャッシュ・フロー管理

```
           キャッシュ・フロー

  ┌─────────┐              ┌─────────┐              ┌─────────┐
  │ 商品の売上げ│              │ 企業の  │              │ 商品の仕入れ│
  │         │  インフロー   │         │  アウトフロー │         │
  │         │ ──────────→ │ 貯金箱  │ ──────────→ │ 備品購入 │
  │ 銀行からの│              │         │              │         │
  │ 借入れ  │              │         │              │ 借入金返済│
  └─────────┘              └─────────┘              └─────────┘
```

▷**キャッシュ・フロー計算書**

　1年間（または半年）のキャッシュ・インフローとアウトフローを，その種類別に分けて一覧表にしたのが，**キャッシュ・フロー計算書**です。この計算書には見積もりによるキャッシュ・フロー計算書と実績によるキャッシュ・フロー計算書があります。前者は，今後の資金繰りのために作成されるもので，後者は，これまでの実績を示すことで将来の見積もりの基礎を提供するものです。

　ここでは，**実績のキャッシュ・フロー計算書**について話をします。なぜかといいますと，見積もりによるキャッシュ・フロー計算書は，当期の実績によるキャッシュ・フロー計算書をスタート点として，これに上述した経営計画や投資計画を反映させて作るからです。

　最近，この実績のキャッシュ・フロー計算書が証券取引法（現在は，金融商品取引法）上の財務諸表の仲間入りをしましたので，見たことがある方も多いと思います。会社法による計算書類にはキャッシュ・フロー計算書はありません。

キャッシュ・フロー計算書には，次のような種類があります。

キャッシュ・フロー計算書の種類

連結財務諸表として作成される計算書
(1) 連結キャッシュ・フロー計算書
(2) 中間連結キャッシュ・フロー計算書

個別財務諸表として作成される計算書
(1) キャッシュ・フロー計算書
(2) 中間キャッシュ・フロー計算書

なお，**連結財務諸表を作成する企業**は，個別のキャッシュ・フロー計算書を作成する必要はありません。個別のキャッシュ・フロー計算書も連結キャッシュ・フロー計算書も，作り方は基本的に同じです。そこで，以下では，両者を合わせて，単に，キャッシュ・フロー計算書ということにします。

▷**キャッシュには何が入るか**

キャッシュの概念には，「**現金**」と「**現金同等物**」が入ります。この場合の「**現金**」には，①手許現金と②要 求 払 預金が含まれます。

「**現金同等物**」というのは，「容易に換金可能であり，かつ，価値の変動について僅少なリスクしか負わない短期投資」としての性格を持つ資産をいいます。株式のように価格変動リスクの大きいものは資金（キャッシュ）範囲から除かれます。

Chapter 6 資金管理とキャッシュ・フロー管理

> ## 資金（キャッシュ）の範囲（例示）
>
> 現金＝①手許現金，②要求払預金（当座預金，普通預金，通知預金など）
>
> 現金同等物＝取得日から満期日（償還日）までが3か月以内の定期預金，譲渡性預金，コマーシャル・ペーパー，売戻し条件付き現先（現金先物），公社債投資信託など

　現金同等物に何を入れるかは，上の説明や例示だけでははっきりしません。会計基準では，現金同等物に何を含めるかを「**経営者の判断**」に委ねることにしています。経営者が「容易に換金可能」で「価値変動が小さい短期投資」と考えるものを資金（現金同等物）概念に含めてよいとするのです。

　経営者の判断が入る余地を大きく認めるのは，1つには，上の例示に示されるように，該当すると考えられる投資等が非常に多岐にわたり，個別の判断が必要なためです。もう1つは，キャッシュ・フロー計算書が次のような性格を持つからです。

　キャッシュ・フロー計算書は，**財務諸表の1つとして作成されること**になりましたが，貸借対照表や損益計算書と違って，財産の計算や損益の計算，あるいは，利益の分配（配当など）とは関係がありません。あくまでも，**資金の流れに関する情報を公開するための計算書**です。そのために，資金として何を含めようとも，利益が変わったり財産の有り高が変化することはありません。そこで，細かいルールを設けずに，各企業が資金（現金同等物）と考えるものを含めてもよいことにするのです。

4 キャッシュ・フロー計算書の構造

キャッシュ・フロー計算書では，資金の流れを企業活動の種類にあわせて，次の3つに区分します。

> (1) 営業活動によるキャッシュ・フロー
> (2) 投資活動によるキャッシュ・フロー
> (3) 財務活動によるキャッシュ・フロー

ここで，**営業活動によるキャッシュ・フロー**とは，主として，商品や製品を仕入れたり販売したりする取引（営業活動）に伴うキャッシュ・フローです。営業活動に伴って取得した受取手形を銀行で割り引いた場合の収入もここに含まれます。

投資活動によるキャッシュ・フローは，機械装置や車両運搬具を購入したり売却したりしたときのキャッシュ・フローや，短期投資（現金同等物に含まれるものを除く）を取得したり売却したりしたときの資金フローをいいます。

財務活動によるキャッシュ・フローは，資金調達と返済によるキャッシュ・フローをいいます。具体的には，株式を発行したときの収入，自社株を取得したときの支出，社債の発行・償還や，借入金の増減による資金収支などです。

「投資活動」と「財務活動」というのは，通常の事業会社にとっては，いずれも本業以外の活動です。損益計算書を作成するときに，「**営業損益**」を計算する区分と，営業損益に営業外損益を加減して「**経常損益**」

を計算する区分がありました。キャッシュ・フロー計算書では，この「営業外（本業以外）」の活動を「**投資活動**」と「**財務活動**」に分けているのです。

投資活動と財務活動はよく似ていますが，「**投資活動**」は，利子・配当・売却益が出るような資産への資金の投下とその回収，「**財務活動**」は営業資金の調達とその返済に関わる活動をいいます。ですから，工場を建設するために必要な資金を借りるのは財務活動ですが，その資金で工場を建てるのは投資活動になります。

企業活動別のキャッシュ・フロー

	収入	支出
営業活動によるキャッシュ・フロー	商品・製品の販売による収入 利息・配当金の受取りによる収入	商品の仕入れによる支出 法人税等の支払いによる支出
投資活動によるキャッシュ・フロー	固定資産の売却による収入 有価証券の売却による収入 貸付金の回収による収入	固定資産の取得による支出 有価証券の取得による支出 貸し付けによる支出
財務活動によるキャッシュ・フロー	株式の発行による収入 社債の発行による収入 借入れによる収入	自己株式の取得による支出 社債の償還による支出 借入金の返済による支出 配当の支払による支出

キャッシュ・フロー計算書には，**営業収入（売上高）からスタート**す

る形式と税引前当期純利益からスタートする形式があります。前者を直接法，後者を間接法といいます。

　直接法は，営業活動のキャッシュ・フローが総額で示されるというメリットがあり，**間接法**は，純利益と営業活動のキャッシュ・フローとの関係が明示されるというメリットがあります。いずれの方法で作成することも認められていますが，直接法は実務上手数がかかるということから，間接法によって作成する会社が多いようです。

　間接法で作成したキャッシュ・フロー計算書のひな形（モデル）を次に示しておきます。

キャッシュ・フロー計算書の例

キャッシュ・フロー計算書

Ⅰ	営業活動によるキャッシュ・フロー	
	税引前当期純利益	300
	減価償却費	30
	有価証券売却損	20
	売掛金・受取手形の増加額	－60
	棚卸資産の減少額	40
	買掛金・支払手形の増加	30
	小　計	360
	法人税等の支払額	－150
	営業活動によるキャッシュ・フロー	210
Ⅱ	投資活動によるキャッシュ・フロー	
	有価証券の売却による収入	200
	有形固定資産の取得による支出	－160
	投資活動によるキャッシュ・フロー	40
Ⅲ	財務活動によるキャッシュ・フロー	
	短期借入れによる収入	100
	社債の償還による支出	－80
	財務活動によるキャッシュ・フロー	20
Ⅳ	現金及び現金同等物の増加額	270
Ⅴ	現金及び現金同等物の期首残高	2,400
Ⅵ	現金及び現金同等物の期末残高	2,670

　－の記号がついているのは減少項目ということですが，必ずしもキャッシュ・アウトフローを意味していません。また，営業活動によるキャッシュ・フローに「減価償却費」が入っていたり，売掛金の増加がマイナス項目になっていたり，いろいろ疑問があると思います。本書では細かいことを書けませんので，この本を読み終えてからでも，次の本を読んでください。

　『わしづかみシリーズ　新会計基準を学ぶ（第2巻）』（税務経理協会）

5　キャッシュ・フロー計算書を読むポイント

　上で見ましたように，キャッシュ・フローには，3つの種類があります。もっとも重要なのは，**営業活動のキャッシュ・フロー**です。

　このキャッシュ・フローは，**本業による資金収支の残高**ですから，普通は**営業利益**に近い金額になります。

　もしも，営業利益の額よりも大幅に小さいときは，在庫が増えたか，売上債権（売掛金や受取手形）が増加しているはずです。逆に，営業利益よりも大きい場合には，在庫が減少したり売掛金の回収が早まっているということです。

営業利益　＞　営業活動によるキャッシュ・フロー
　主な原因：在庫の増加，売掛金の増加
営業利益　＜　営業活動によるキャッシュ・フロー
　主な原因：在庫の減少，売掛金の減少

　わが国の場合，「投資活動によるキャッシュ・フロー」は，**余裕資金（余資といいます）の運用によるキャッシュ・フロー**という側面があります。英米の企業は，余裕資金が出たら配当や自社株買いなどを使って株主に返しますが，日本の企業は，余裕資金が出たら将来の設備投資や研究開発などのために株などに投資して運用します。

　この区分の**キャッシュ・フロー総額がプラス**になっているときは，**投資を引き上げている**ということであり，**マイナス**になっているときは，**資金を追加投下している**ことを表します。

プラスのときは引き上げた資金を何に使っているかを見ておく必要があり，マイナスのときは，どこから手に入れた資金を投資しているかを見ておく必要があります。いずれも，キャッシュ・フロー計算書をよく観察するとわかります。

> **投資活動によるキャッシュ・フローが増加**
>   主な原因：投資の回収
>   見るポイント：回収した資金のゆくえを見る
>
> **投資活動によるキャッシュ・フローが減少**
>   主な原因：新規の投資か追加の投資
>   見るポイント：資金の出所を見る

「財務活動によるキャッシュ・フロー」は，総額でプラスになっていれば，それだけ純額で**資金を調達**したということを意味します。マイナスであれば，調達した資金を純額でそれだけ**返済**したということです。

資金を返済したときは，その財源が何であったかを調べてみる必要があります。また，**資金を調達したときは，その資金を何に使っているか**を見てみる必要があります。これも，キャッシュ・フロー計算書をながめていると分かることです。

> **財務活動によるキャッシュ・フローが増加**
>   主な原因：追加の資金を調達
>   見るポイント：資金を何に使ったか
>
> **財務活動によるキャッシュ・フローが減少**
>   主な原因：資金を返済
>   見るポイント：何を財源として返済したか

　投資活動や財務活動によるキャッシュ・フローを見ますと，企業の設備投資や事業拡大などが計画どおりに進んでいるか，資金が原因で停滞しているかどうかなどが分かります。さらにまた，将来の事業計画を遂行するためには，どのような資金計画を立てたらよいかを検討するためのデータとすることもできます。

　キャッシュ・フロー計算書の末尾には，当期首のキャッシュ残高と期末のキャッシュ残高が示されています。キャッシュ残高は，きわめて流動性の高い「**現金**」と「**現金同等物**」の合計ですから，次期においてすぐに**支払手段**として使えます。

　期首の残高と比べて期末の残高が小さいときは，**支払能力が低下**していることを意味し，残高が大きくなっているときは，**支払能力が増大**していることを意味しています。

　ただし，ここでいう「キャッシュ」は，すでに現金になっているか，おおむね3か月以内に現金に変わる資産のことですから，きわめて短期的な支払い能力を見ていることになります。

Chapter 6　資金管理とキャッシュ・フロー管理

　Chapter 2 で,「流動比率」とか「当座比率」のことを書きました。そこでは,**中期的な支払い能力**,あるいは,**企業の正常な営業活動を前提にした支払い能力を見るには流動比率**がよく,即時の,あるいは,**短期的な支払い能力は当座比率**を見るとよい,ということも書きました。当座比率は「返済能力のリトマス試験紙」でした。

　では,これらの比率と,キャッシュ残高は,どのように使い分けたらよいのでしょうか。

　流動比率と**当座比率**は,**比率**です。**絶対額(金額)**ではありません。**キャッシュ残高**は,比率ではなく,**絶対額**です。もしも,キャッシュ残高を使って比率を求めるのであれば,次のような計算をすればよいでしょう。この比率は100%以上が望ましく,高いほど支払い能力も高いことを示します。

$$3か月以内の支払い能力 = \frac{キャッシュ残高}{流動負債} \times 100(\%)$$

　キャッシュ・フロー計算書からは,損益計算書や貸借対照表からは読むことのできないことがたくさん読み取れます。とくに,「**営業活動からのキャッシュ・フロー**」からは,この企業の売上げの質(良し悪し)が分かりますし,「**投資活動のキャッシュ・フロー**」と「**財務活動のキャッシュ・フロー**」からは,この企業が,将来,何をしようとしているかを読み取ることができます。

CHAPTER 7
原 価 管 理

1 原価管理への2つのアプローチ
　——原価維持と原価改善——
2 標準原価管理
3 原価管理への新たなアプローチ——原価企画——
4 原価企画のプロセス

原価管理という用語から具体的にどのような活動がイメージされるでしょうか。おそらく日常語として用いられている**コストダウン**，**コスト削減**，**コストカット**などの言葉が連想できるでしょう。

　この発想は，大雑把にいえば間違いではありません。本章では，原価管理に類似する用語の解説も兼ねて**原価管理**という管理会計のツールが具体的には何をどのようにすることであるのかを考えてみましょう。

　企業の中には，通常，**作業センター**（ワーク・センター），**原価センター**（コスト・センター），**責任センター**（レスポンシビリティ・センター）という3つの中心点があります。機能はそれぞれ異なりますが，この3つの中心点が一致することが望ましいと考えられます。ここでは**原価センター（原価責任センター）**という原価管理上の区分について考えてみましょう。

　一般に，**原価を管理**するということは**原価の発生に直接かかわっている人を管理**することに他ならないと考えられています。

　そこで，通常は企業の中に**原価（責任）センター**という原価管理上の区分を設定し，この区分に管理者を配置することによって，この管理者にそこで発生する原価に対する責任を持たせて管理させる方式が採られています。

　この管理者が実際に原価管理を行うに当たって，さらには原価管理の良否およびこの管理者自身の原価管理の実績についての評価を行うに当たっては，会計上の原価管理の仕組みが必要です。

　以前から利用されてきているそのような仕組み（例えば**標準原価計算**

〔本章後述〕・**予算制度**〔前述〕）もあれば，比較的新しい仕組み（例えば**原価企画**〔本章後述〕，**活動基準予算**〔前述〕など）もあります。本章では，そのような仕組みについて考えてみましょう。そして，それと同時に類似する用語についても整理しておきましょう。

1 原価管理への2つのアプローチ－原価維持と原価改善－

　原価管理は，元来，特定の製品を製造・販売するための活動方法を決めて，その活動から発生する原価を一定の幅の中に抑え込むこと，つまり**コスト・コントロール**を言います。

　最近では原価管理の概念が大きく変化し，量産に入る前の段階での「**原価企画**」，製造段階での「**原価維持**」，量産段階でも絶えず行われる「**原価改善**」の，3つから構成されています。

　コスト・コントロールとしての**原価管理**は，わが国の製造業が，多品種少量生産に移行したことに伴い，量産に入ってからの原価統制よりも量産に入る前の研究・開発段階でのプランニングによるコスト引き下げの方が効果的であることから，特に自動車産業を中心に「**原価企画**」と呼ぶアプローチが採用されるようになりました。

　本章では，最初に，量産体制に入ってからの「**原価維持**」と「**原価改善**」を説明し，後の方で，新しい原価管理のアプローチとして「**原価企画**」を取り上げます。

▷原 価 維 持
　最初に，**原価管理**に類似する用語として，**原価維持**を取り上げましょう。本来，**原価管理**（cost control）はその名の通り**コストをコントロールすること**を目的としています。しかし，現実にはコスト自体を直接的にコントロールすることはできないので，コストの発生主体である人の活動をコントロールすることによって結果として間接的にコストをコントロールせざるを得ません。

Chapter 7 原価管理

　人をコントロールすることは，要するに**経営資源の効率的な消費をコントロールする**ことです。したがって，コストをコントロールするということは，所与の生産条件の下での経営資源の効率的な消費を通じて実際に発生するコストをあらかじめ設定された原価の目標値の水準を超過しないように抑制することを意味しているといえます。要するに，**原価の目標値を維持するための活動**こそが，**原価維持**に他なりません。

　この**原価維持**という活動を具体的に実行するための手法としては，**標準原価計算を利用した標準原価による管理**，あるいは**予算制度を利用した予算原価による管理**などがあります。

　特に，**標準原価計算**によってあらかじめ設定された原価の目標値としての**標準原価**の水準を維持することによって行われる原価管理は，端的には**標準原価管理**と呼ばれています。仮に原価管理が行われず，実際に発生するコストを成り行きに任せていたのでは，コストは際限なく増大してしまうことになります。

　そこで，**標準原価管理**では，実際に発生するコストをある一定の水準にとどめておくために，あらかじめ設定された標準原価を超過しないように特に工場などの作業現場の従事者にコスト意識を持たせると同時に，標準的な作業効率を維持させることによって，原価管理が行われます。

　この**標準原価管理**は，従来の生産方式の主流であった**単品種・少品種大量生産**にはよく適合したものの，現在の主流となっている**多品種少量生産**には十分に対応できないというような指摘も見られます。

　このことは，必ずしも標準原価計算による原価管理の有効性を全面的に否定するものではありません。しかし，以前のような画一的な生産方

式の時代とは異なり，生産方式が多様化した今日では，その有効性は限定的であると言わざるを得ないでしょう。また，**標準原価管理**にみられるような**原価維持**は，あくまでも目標となる標準原価の水準の維持を目的としていることから，原価維持という活動にその水準を大幅に引き下げる効果，つまり大幅な原価削減を期待することはできません。

▷原価改善

　原価管理に類似するもう1つの用語としてここでは**原価改善**を取り上げてみましょう。前述の原価維持もこの原価改善もともに製造プロセスにおける活動であることは共通しています。

　しかし，原価維持ではあくまでも目標となる原価水準を維持することに主眼があり，その際に所与の生産条件の下で**目標原価**の水準を超過しないように経営資源を効率的に消費させることが意図されています。

　このような**原価維持による原価管理**では，目標となる原価水準の設定時点において従来の目標値となる原価からの低減分がある場合に限ってその低減分だけが原価低減の余地となるに過ぎません。つまり，あまり大きな原価低減効果は期待できないのです。

　そこで，原価そのものを積極的に削減するためには発想の転換が必要となります。ここにいう発想の転換とは，既存製品およびその製品の実際の製造現場を中心とする原価管理ではなく，もっと広い視野の下に**既存の製品の設計あるいは既存の生産条件そのものについて変更を加える**とともに**コストの発生範囲を製造現場のみならず企業側・顧客側，あるいは製品のライフサイクル全体にまで広げる**ことによって原価管理の対象範囲そのものを拡大することを意味しています。

　既存の製品に関する現行の製品設計および現行の生産条件を前提とし

ている限り，製造現場での改善活動がどれほど熱心かつ継続的に行われたとしてもその活動の効果は必ずしもすべてがコストに反映されるわけではありません。

　つまり，そのような活動が**原価削減**に対して常に貢献しているわけではないのです。そのため，既存製品の設計それ自体あるいは既存の生産条件そのものに変更を加えること，さらにはコストの発生範囲をより一層広げてコストを把握することが必要と考えられます。

　このように積極的かつ大幅な原価削減をも視野に入れた活動は，工場などの製造現場では実際の製造原価を改善目標とされる原価水準にまで計画的に引き下げる継続的な活動であるといえます。このような活動を**原価改善**といいます。

　原価改善では，現行の標準原価そのものを改善するための目標額が設定されます。この目標額は，**原価改善目標額**であり，現行の標準原価の水準よりも低い水準にて設定されることになります。このような低い水準に標準原価を引き下げるためには，製品そのものの設計および現行の生産条件の改善が必要となります。その原価改善活動によって，標準原価の引き下げが実現すれば，その水準の標準原価を目指して実際の生産活動が行われることになります。

　他方，原価改善活動が十分に機能せず，引き下げが不十分である場合には，原価改善目標額と実際の改善後の原価との差異について分析を行い，原因を調査し，その対応が図られることになります。

　いうまでもなく，この原価改善と前述の原価維持とは製造活動の現場においてどちらか一方が活用されるという関係ではなく，どちらも継続

的に併用されなければなりません。

　つまり，**原価改善のための活動によって原価削減が実現**すれば，その後は**実現した原価水準**（以前に比べてかなり低い原価水準）が**標準原価として原価維持のための活動**によって維持されることになります。また，原価改善活動と原価維持活動は同時進行によって行われることもあります。このように，**原価維持と原価改善とは相互に補完**しあうことによってその活動の効果を発揮しているといえるでしょう。

　なお，最初に述べましたように，製品の量産に入る前の企画・研究・開発段階における原価管理の手法である「**原価企画**」については，3で紹介します。

2 標準原価管理

標準原価管理は，2種類の原価を比較することによって行われます。比較の際に基準となる原価が**標準原価**であることはいうまでもありません。

そして，これと比較されるもう一方の原価は**実際原価**です。実際原価は，厳密には製品の製造過程において実際に発生した原価であり，**歴史的原価**といえます。一般に原価要素としては**材料費，労務費，経費**という3つの要素が考えられています。これらの3つの要素は，いわば製品を作るために必要なものを大まかに分類しているといえます。

まず製品を作るために必要な材料，これを加工したり組み立てたりする人の労力，そしてこの材料・労力以外にも加工・組み立てに必要な機械の稼働，そして機械を動かすためあるいは製造現場の照明のために必要な電力消費などの活動に伴って発生する費用，また加工・組み立てのための機械・装置の減価償却費などの要素が原価要素として把握されることになります。

ここにさらに製造活動との関連性という視点を加えることによって，製造活動に直接関連している要素と間接的にしか関連していない要素とに区分され，それらの3つの要素がそれぞれ2つに細分されることになります。その結果として，原価要素は次のように6つの要素に区分されます。

```
                    原 価 要 素
             ┌ 直接材料費        ┌ 間接材料費
       直接費 ┤ 直接労務費   間接費 ┤ 間接労務費
             └ 直接経費         └ 間接経費
```

　これらの原価要素のうち，原価管理の主な対象は，**直接材料費**，**直接労務費**，そしてすべての間接費（これを総称して**製造間接費**といいます）です。**直接経費**としては，具体的には**外注加工費**および**特許権使用料**などが発生しますが，通常はこれを除外します。

　これらの３つの要素は，計算上は**単価×数量**〔厳密には単価には消費単価（材料費の場合），消費賃率（労務費の場合），配賦率（製造間接費の場合）というような表現の相違がありますが，ここでは表現の相違は無視します〕によって求めることができます。

　直接材料費，直接労務費および製造間接費のそれぞれについて，単価と数量という２つの計算要素の実際値と標準値とを比較することによって，差異が見出されます。この差異を分析し，その発生原因を突き止め，これを実際の製造過程に反映させるという一連の活動を通じて，あらかじめ設定された標準原価の水準を維持することが**標準原価管理の目的**といえます。

▷**標準原価**
　標準原価計算は，わが国の「原価計算基準」において実際原価計算と同様に**制度としての原価計算**として認められた計算制度です。実際に財務諸表作成に際してこの計算制度を利用している企業も数多くあります。

他方,この標準原価計算は原価管理の手段としても活用されています。標準原価計算にいう標準原価は,財貨の消費量を科学的,統計的調査に基づいて能率の尺度となるように予定し,かつ,予定価格または正常価格をもって計算した原価として理解されています(参照:原価計算基準第1章四(1)2)。

　原価計算基準によれば,ここにいう**能率の尺度としての標準**とは,その標準が適用される期間において達成されるべき原価の目標を意味しています。

　標準原価の基準となる**操業度の水準**にはいくつかのレベルがあります。最も厳しいレベルが原価管理に際して要求されることもあります。これは,技術的に達成可能な最大操業度の下で財貨の消費における減損,仕損(しそん),遊休時間等の余裕率を許容しない**理想的な操業水準**です。しかし,一般には**現実的な操業水準**あるいは**正常操業水準**が想定されています。したがって,標準原価もまたこれらの水準での標準原価が利用されます。

　これらの標準原価は,**現実的標準原価**あるいは**正常原価**と呼ばれています。ここにいう現実的標準原価とは,「良好な能率のもとにおいて,その達成が期待されうる標準原価をいい,通常生ずると認められる程度の減損,仕損,遊休時間等の余裕率を含む原価であり,かつ,比較的短期における予定操業度および予定価格を前提として決定され,これら諸条件の変化に伴い,しばしば改訂される標準原価」(原価計算基準第1章四(1)2)に他なりません。

▷**標準原価計算の手順**
　通常,標準原価計算は以下のような手順によって実施されています。

標準原価計算の手順
① 原価標準の設定
② 標準原価の算定
③ 実際原価の算定
④ 原価差異の算定
⑤ 原価差異の原因分析
⑥ 原価差異の会計処理・分析結果の報告
⑦ 改善措置

以下の各節においてこれらの手順について具体的な事例によって概観しておきましょう。

▷原価標準の設定

原価標準は，直接材料費・直接労務費・製造間接費のそれぞれについて**製品1単位あたりの標準価格**として設定されます。具体的には，次のように算定されます。

```
直接材料費の場合：
  標準単価×標準消費量     ＝直接材料費の原価標準

直接労務費の場合：
  標準賃率×標準作業時間    ＝直接労務費の原価標準

製造間接費の場合：
  標準配賦率＊×標準作業時間＊＊＝製造間接費の原価標準
                         ─────────────
                         製品1単位あたりの標準価格
                         ＝原価標準
```

 ＊ ここにいう標準配賦率は変動費率と固定費率（＝固定費額÷総標準作業時間）との和を意味します。
 ＊＊ ここでは標準配賦基準値が作業時間である場合を仮定しています。

Chapter 7　原 価 管 理

この原価標準を用いる計算を次の具体例によって確認してみましょう。

〔設　例〕

　ある建築資材メーカーにおける資材1ユニットの製造に関連する原価標準は次のように示されます。

　直接材料費の原価標準：＠¥250×32m　　＝　8,000円
　直接労務費の原価標準：＠¥1,200×1.5時間＝　1,800円
　製造間接費の原価標準：＠¥1,600×1.5時間＝　2,400円
　　　　　　　　　　　　　　　　　　　　　　12,200円

したがって、建築資材1ユニットあたりの原価標準は12,200円と計算されます。なお、製造間接費の配賦率1,600円は、変動費600円と固定費1,000円との合計額です。この固定費は、固定費の予算月額1,200,000円を月間正常生産量800セットに必要な時間（1,200時間）で除して求められた1時間あたり固定製造間接費を意味しています。

▷**標準原価の算定**

　標準原価は、直接材料費、直接労務費等の直接費および製造間接費について算定されるだけではなく、製品原価についても算定されます。上記の設例について以下のような月間の実績データを追加してみましょう。

> ### 設例への補足資料
>
> 月間実際生産量：700セット（すべて完成品であり仕掛品はない）
> 実際直接材料費：＠¥200×24,500m＝4,900,000円
> 　　　　　　　　ただし，24,500m＝35m×700セット
> 実際直接労務費：＠¥1,300×1.6時間×700セット
> 　　　　　　　　＝1,456,000円
> 実際製造間接費：固定費　1,150,000円
> 　　　　　　　　変動費　　680,000円

　ここで，この場合の原価管理の基準としての標準原価は，次のように求められます。

> 標準原価＝＠¥12,200×700セット＝8,540,000円

　つまり，前掲の原価標準12,200円に当月の実際生産量700セットを掛け合わせればこの場合の標準原価を計算することができます。

▷**実際原価の算定**

　原価要素の計算は，基本的には**単価**（材料単価，賃率，配賦率と表現は異なる）と**数量**（物量的には重量，時間など各種の単位がある）とを掛け合わせて計算されています。実際原価を厳密に計算するとすれば，すべての計算要素を実際値によって計算しなければなりません。

　しかし，実際値をすべて把握できるタイミングはすべての生産活動が終了した後，あるいは一定期間の原価データがすべて集計された後ということになります。これでは，迅速な意思決定を行うには不都合なので，

Chapter 7 原価管理

企業における原価計算の実務では,実際原価は文字通りの実際原価ではなく,**部分的に予定値を組み込んだ実際原価**が用いられています。

とはいえ,前記の設例では,その点に関してはここでのテーマからそれてしまいますので,ここでは詳細は省略し,集計結果のみが示されています。これによれば,実際直接材料費の4,900,000円,実際直接労務費の1,456,000円,そして実際製造間接費については固定費が1,150,000円と変動費が680,000円発生していますので,これらを合計して8,186,000円が実際原価として算定されることになります。

▷原価差異の原因分析

前記の設例では,700セットという**実際生産量に対応する標準原価**が8,540,000円と計算されています。他方,この生産量において発生した実際原価は,8,186,000円と計算されています。両者の差額は354,000円です。この差異は**総原価差異**を表しています。

この総原価差異は,**標準原価差異**を意味しています。標準原価差異は,実際に製造活動が行われ,実際に経営資源が消費された時に計算されます。これは,実際の製造活動における**経営資源の消費効率の良否**を反映しています。この標準原価差異は,次のように定式化することができます。

標準原価差異＝実際原価－標準原価
　　　　　＝実際原価－(原価標準×実際生産量)

この標準原価差異あるいは総原価差異は,次の3つの要素によって構成されています。

203

> 標準原価差異＝標準直接材料費差異＋標準直接労務費差異
> 　　　　　　＋標準製造間接費差異

　まず，**標準直接材料費差異**は，次のように分析することができます。

> **標準直接材料費差異**
>
> 価格差異＝（標準単価－実際単価）×実際消費量
> 消費量差異＝標準単価×（標準消費量－実際消費量）

　前記の設例についてこの2つの差異を分析してみれば，次のように示すことができます。

> 価格差異＝（¥250－¥200）×35m×700セット＝1,225,000円
> 消費量差異＝¥250×（32m－35m）×700セット＝－525,000円

　ここで，**価格差異**は実際単価が標準単価よりも低く購入できたことにより標準値に比べて1,225,000円の直接材料費の低減が発生していることを意味しており，単位あたり50円の節約の結果として生じたこの差異を**有利差異**といいます。

　他方，**消費量差異**は，実際消費量が標準消費量よりも多くなったことにより標準値に比べて525,000円の直接材料費の超過が発生していることを意味しており，単位あたり3mの無駄の結果として生じたこの差異は**不利差異**といいます。直接材料費総差異は，これらの2つの差異を合算すれば，最終的には700,000円の有利差異となります。

次に、**標準直接労務費差異**は、次のように分析することができます。

標準直接労務費差異

賃率差異＝（標準賃率－実際賃率）×実際作業時間

作業時間差異＝標準賃率×（標準作業時間－実際作業時間）

前記の設例についてこの2つの差異を分析してみれば、次のように示すことができます。

```
賃率差異＝（¥1,200－¥1,300）×1.6時間×700セット
       ＝－112,000円
作業時間差異＝¥1,200×（1.5時間－1.6時間）×700セット
           ＝－84,000円
```

ここで、**賃率差異**は実際賃率が標準賃率よりも高くなったことにより標準値に比べて112,000円の直接労務費の超過が発生していることを意味しており、単位あたり100円のムダの結果として生じたこの差異は不利差異といえます。

また、**作業時間差異**は、実際作業時間が標準作業時間よりも多くなったことにより標準値に比べて84,000円の直接労務費の超過が発生していることを意味しており、単位あたり120円のムダの結果として生じたこの差異もまた**不利差異**といえます。直接労務費差異は、全体としてこれらの2つの差異を合算すれば、最終的には196,000円の不利差異となります。

最後に，**標準製造間接費差異**の分析ですが，これには分析方法の相違により，2分法，3分法，4分法があります。

これら分析方法の相違を明確にするために，表にまとめれば次のようになります。なお，参考のために差異を最も細分する4分法をグラフに示しておきましょう。3分法（Ⅰ）（Ⅱ）はあくまでも本書での便宜上の区分です。

製造間接費差異の分析方法

2分法	3分法（Ⅰ）	3分法（Ⅱ）	4分法
管理可能差異	予算差異	予算差異	a　予算差異
	能率差異	能率差異	b　変動費能率差異
			c　固定費能率差異
操業度差異	操業度差異	操業度差異	d　不働能力差異

注）上記の4分法における各差異の左側のa～dの表記は，次の図の各差異（a～d）にそれぞれ対応しています。

標準製造間接費差異は次のように分析することができます。ここでは，上記の3分法（Ⅱ）を使っています。

標準製造間接費差異

① 予算差異＝実際作業時間に許容された製造間接費予算額
　　　　　－製造間接費実際額
② 能率差異＝標準配賦率×（標準作業時間－実際作業時間）
③ 操業度差異＝固定費率×（実際作業時間－正常作業時間）

Chapter 7 原価管理

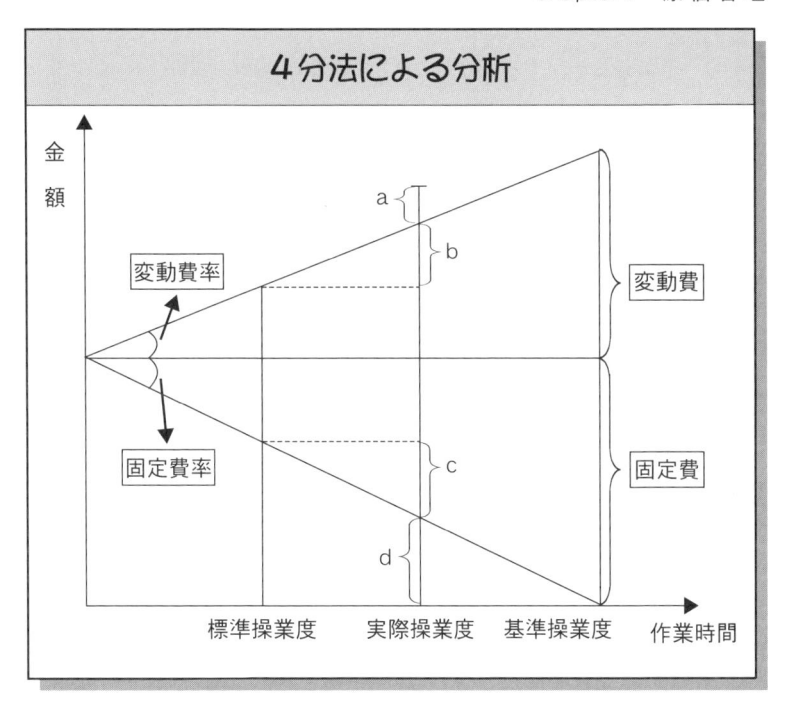

4分法による分析

金額　　　　　　　　　　　　　　　　　　　　　　　　　変動費率／固定費率

標準操業度　実際操業度　基準操業度　作業時間

a, b: 変動費
c, d: 固定費

　なお，**正常作業時間**は**基準作業時間**ともいわれますが，製造間接費の予定配賦率を求める際に製造間接費予算額と対応する予定作業時間です。この設例では正常作業時間は1,200時間（＝1.5時間×800セット）と仮定されています。

　前記の設例についてこれらの差異を分析してみれば，次のように示すことができます。

207

> ① 予算差異＝¥1,872,000－¥1,830,000＝¥42,000
>   なお，¥1,872,000＝¥600×1.6時間×700セット＋¥1,200,000
>
> ② 能率差異＝¥1,600×(1,050時間－1,120時間)＝¥－112,000
>
> ③ 操業度差異＝¥1,000×(1,120時間－1,200時間)＝¥－80,000

　まず，**予算差異**は製造間接費実際額がその実際生産量に許容される製造間接費予算額よりも小さくなったことにより標準値に比べて42,000円の製造間接費の節約が発生していることを意味しており，この差異は**有利差異**といえます。

　また，**能率差異**は，実際生産量に要した1単位あたりの作業時間が標準作業時間よりも0.1時間多くなったことにより標準値に比べて70時間の作業時間超過が発生し，そのために112,000円の製造間接費の超過が発生していることを意味しており，この差異は**不利差異**といえます。

　そして，**操業度差異**は，基準となっている正常な作業時間に比べて80時間の生産能力の不利用が発生したことにより80,000円の製造間接費のムダが発生していることを意味しており，この差異もまた不利差異といえます。**製造間接費差異**は，全体としてこれらの3つの差異を合算すれば，最終的には150,000円の不利差異となります。

　これまでの分析から，**総原価差異**354,000円は，次のように分析されることになります。

Chapter 7　原 価 管 理

```
┌─────────────────────────────────────────────┐
│              総原価差異の分析                │
├─────────────────────────────────────────────┤
│  標準直接材料費差異                          │
│      価格差異      ＋1,225,000円             │
│      消費量差異    －  525,000円  ＋700,000円│
│  標準直接労務費差異                          │
│      賃率差異      －  112,000円             │
│      作業時間差異  －   84,000円  －196,000円│
│  標準製造間接費差異                          │
│      予算差異      ＋   42,000円             │
│      能率差異      －  112,000円             │
│      操業度差異    －   80,000円  －150,000円│
│  総原価差異                       ＋354,000円│
└─────────────────────────────────────────────┘
```

▷**原価差異の発生原因**

　原価差異の発生原因は，費目別にみれば以下のようにまとめられます。

(1)　**直接材料費差異**

　この差異は２つの差異要素に分解されることは前述のとおりです。そのため，この差異の発生原因については**価格差異**と**消費量差異**とに分けてその原因が調査されます。原価管理の観点からみれば，**価格差異は製造現場では管理できない要因によって発生**し，**消費量差異は製造現場で管理できる要因によって発生**すると考えられています。

価格差異の原因	市場価格の変動，運送費の変動，材料不足による緊急仕入，仕入値引・現金割引額の変動，代替材料の利用，その他の副材料費の変動など。
消費量差異の原因	仕損(しそんじ)の発生，作業屑(くず)の発生，材質の相違，材料種類の相違，盗難，破損，作業方法の変更，機械の変更など。

(2) 直接労務費差異

　この差異は2つの差異要素に分解されることは前述のとおりです。そのため，この差異の発生原因については**賃率差異**と**作業時間差異**とに分けて原因が調査されます。原価管理の観点からみれば，**賃率差異は製造現場では管理できない要因によって発生し，作業時間差異は製造現場で管理できる要因によって発生**すると考えられています。

賃率差異の原因	基本給の増加，直接工の賃率構成の変化，欠勤，残業，担当工員の変更，予想外の緊急作業など。
作業時間差異の原因	工員の失敗・不慣れ，生産ロットの変化，工具・指示待ち，材料の不良，設計図の不良，機械の変更，作業方法の変更，機械の不具合，段取りの不備など。

(3) 製造間接費差異

　代表的な三分法の場合には，**予算差異**，**能率差異**および**操業度差異**に分けて原因が調査されます。他の分析方法の場合の差異についても，その発生原因は同様に考えられます。とはいえ，いずれの分析方法にしても決定的な方法ではありません。ここでは分析方法の良し悪しを論ずるよりも，差異が発生した場合の原因の究明・特定が重要であることを強調しておけば十分でしょう。そのことが，原価管理にとってはもっとも

重要なことなのです。

予算差異の発生原因	間接費の発生額（料金，賃率など）の変化，固定費の発生額の変化，間接費のムダなど。
能率差異の発生原因	工員の失敗・不慣れ，生産ロットの変化，工具・指示待ち，材料の不良，設計図の不良，機械の変更，作業方法の変更，機械の不具合，段取りの不備など。
操業度差異の発生原因	好不況による生産量の変動，原価要素の調達困難による生産停止，ストライキによる減産，プロダクト・ミックスの変化，生産スケジュールの変更，機械・工具の故障など。

▷ **差異分析と原価管理**

　発生した原価差異について，その原因が判明すれば，その原因に応じて必要な措置が講じられなければなりません。原価差異の原因を調査して，その結果を製造現場に反映させることによって，**標準原価管理**の一連の手順は完了します。このような一連の手順を継続して反復的に適用することを通じて，標準原価管理では目標となる**標準原価の水準を維持**し続ける努力が重ねられています。

　しかし，原価差異の原因を調査することによって，すべての**不利差異**をなくすことができるわけではありません。また，**有利差異**も大きければ大きいほどよいということでもありません。そこまで極端な対応をとる必要もないのです。

　むしろそのような極端なことをすれば，管理者の思惑とは反対に，よ

り一層の悪い結果をもたらしかねません。例えば，直接材料費の価格差異と消費量差異との間には，価格を低く抑えすぎることによって消費量が増えてしまうというような関係が見られます。したがって，有利差異と不利差異とについて，その大きさだけを基準にして良否を判断することは，原価管理にとっては合理的な行動とはいえません。

3　原価管理への新たなアプローチ－原価企画－

▷原価管理と原価企画

　製品・サービスに関連して派生するコストをライフサイクルの視点から考えてみると，**企画・設計⇒製造⇒販売⇒維持管理⇒回収・廃棄**というようなそれぞれの段階で発生するコストの存在に気づくでしょう。当然のことながら原価管理は，これらの各段階において発生するすべてのコストを対象とする必要があります。この**ライフサイクル全体のコストを最小化**するという発想は企業側のみならず顧客側にとっても重要です。

　しかし，他方では，**原価管理の対象範囲**を主に**製造段階において発生するコストに限定**する場合もあります。もともとは，この製造段階において発生するコストが原価管理の主な対象として位置づけられていたものの，原価管理思考の変化によって製造以前の段階あるいは製造以後の段階にまでその管理対象の範囲を拡張することによって上述のような広範囲の原価管理が生まれたといえます。

　前述のような製品・サービスのライフサイクルは1つの企業内部における**価値連鎖**（value chain）と見ることもできます。この価値連鎖という観点から，製品・サービスのライフサイクルを見れば，企業内部における価値連鎖のみならず，企業外部との価値連鎖も見出されます。要するに，製品・サービスのライフサイクルの各段階において対外的な価値連鎖がそれぞれ対応しているのです。したがって，原価管理ではこのような対外的な価値連鎖において発生するコストもまた管理の対象となります。

　このように原価管理の対象範囲は極めて広くなっています。そして，そのために各種の原価管理の手法が考案されてきています。そこで，本

節では，この原価管理の1つの手法であり，しかもわが国において生み出された手法として理解されている**原価企画**に焦点を当ててみることにしましょう。

既存の市場に新たな製品・サービスを提供する場合あるいは新たな市場を開拓してそこに新たな製品・サービスを提供する場合には，その市場において実際に受け入れられている既存製品・サービス価格，あるいは類似する市場において，または製品・サービスについて実際に受け入れられている製品・サービス価格を設定する必要があります。つまり，市場サイド（消費者側）に価格の決定権があるような場合には，その市場に受け入れられるような価格が既にほとんど決まっていると考えられています。

このような場合には，企業はその**市場に受け入れられる価格**を前提にして**新たに提供する製品・サービスの機能・内容**を考えなければなりません。その場合に，ただ単に製品であれば製造現場において発生するコストの管理，あるいはサービスであればサービス提供の現場において発生するコストの管理を行うだけでは市場に受け入れられるような価格に見合う原価を達成することは不可能といわざるを得ません。

実際に，製品・サービスの原価は既に企画・設計の段階において相当程度確定しており，現場での原価削減には限界があることも指摘されています。したがって，製品・サービスの原価を管理しようとすれば，**新たな製品・サービスの企画・設計段階にまで遡（さかのぼ）って原価を管理**することが必要といえます。

▷**原価企画と許容原価**
このように製品・サービスの企画・設計段階にまで遡って原価を管理

する手法が**原価企画**に他なりません。この手法の基本的な発想は，次の計算式にもとづいています。

> 新製品・サービスの販売（提供）価格－目標利益＝許容原価

　前述のように新たな製品を販売しようとする場合あるいは新たなサービスを提供しようとする場合には，市場における消費者の**許容価格**を無視することはできません。どれほど画期的かつ高付加価値な製品・サービスを開発できたとしてもその販売（提供）価格が既存製品・サービスあるいは類似製品・サービスの販売（提供）価格と大きくかけ離れていれば，ほとんどすべての消費者はそのような製品・サービスの販売（提供）価格を受け入れないでしょう。既存製品・サービスあるいは類似製品・サービスの販売（提供）価格はそれほどに大きな意味を持っているといえます。

　上記の計算式から明らかなように，**最初に市場が容認する価格が設定**されます。この価格から企業の目標利益を差し引いた残余分が**許容される原価の最大値**となります。これが**許容原価**です。したがって，企業はこの許容原価を目標に新たな製品・サービスを企画・設計しなければなりません。

　このような活動は，表面上は製品・サービスの企画・設計ではあるものの，実質的には製品・サービスの原価そのものの企画に他なりません。この企画段階で決まる製品・サービスの機能によってその仕様・内容は大きく異なるだけではなく，特に製品の場合には必要な原材料の価格・品質・調達先なども機能に応じて原価にも大きく影響することになります。それゆえに，**原価企画**では**許容原価**が最も重要な役割を果たしてい

るといえるでしょう。

▷目標原価の設定

　許容原価は**目標原価**と言われることもあります。しかし，両者は厳密には全く同一というわけではありません。許容原価は，前述のように市場が許容する原価を意味しています。もちろんこのような許容原価を目標原価として設定することはできます。しかし，目標原価をより低い水準に設定することもできます。むしろそのように設定した方がより厳しい目標設定となります。したがって，**許容原価は目標原価の上限値**とみなすことができます。

　原価計算では，原価企画は**目標原価計算**として理解されています。この目標原価の設定には大別して３つの方法があります。

　第１の方法は，既存の製品・サービスの原価データを基礎にして，削除される機能に要するコストを減額し，追加される機能に要するコストを増額して，新たな製品・サービスの原価を算定する方法です。この方法は一般に**積上法**（つみあげ）と呼ばれています。

　第２の方法は，中・長期利益計画から導き出される目標利益を目標売上高から控除することによって求めた許容原価を目標原価とする方法です。この方法は一般に**控除法**と呼ばれ，先に示した計算式はこの方法を端的に表しています。

　第３の方法は，積上法と控除法との中間的ないわば**折衷法**（せっちゅう）です。この方法は，現状の技術レベルにおいて発生することが見込まれる原価（成行原価といいます）（なりゆき）と目標原価とのすりあわせによって新たな製品・サービスの原価を算定する方法です。

通常，原価企画は必ずしも一企業の中で行われるわけではなく，価値連鎖に含まれる協力企業との連携も欠かせない共同作業といえます。とはいえ，あまりに厳格な目標を設定することは，協力企業への過度の原価削減要求などにもつながりかねません。協力企業との共存共栄のためにも適度な水準での目標値の設定が望ましいのです。

4　原価企画のプロセス

▷プロジェクトとしての原価企画

　一般に，原価企画は2〜3年の期間を必要とする，いわば1つの**事業プロジェクト**とみなすことができます。製品・サービスのライフサイクル自体が短くなる傾向にある今日では，新製品・サービスを継続的に開発し，順次市場に投入していくことは企業が存続するためには必須の経営戦略となっています。

　そのためには，複数の新製品・サービスの開発プロジェクトは必要に応じて同時進行により遂行されることもあれば，短期間の内に次々と新たなプロジェクトが立ち上げられることもあります。その際に，既存の製品・サービスについての顧客の不満を解消して満足度をより一層高めることが何よりも重要です。

　このように**既存顧客**をつなぎとめておくためにも，あるいは**新規顧客**を増やすためにも，**新たな製品・サービスの提供**には，**顧客重視の視点**は欠かせません。それゆえに，そのようなプロジェクトの活動は，新たな製品・サービスの企画に至るまでにも**既存市場・製品・サービスの分析，新規開拓・参入市場の予測**などの企画以前の準備段階から始まっており，実際に市場に新製品・サービスを投入できるようになるまでには，相応の期間が必要となるのです。

　しかも，このようなプロジェクトは特定の部門においてのみ実施されるようなものではありません。企業が初めて原価企画を実施する場合には，新たな製品・サービスごとに**商品企画，設計，購買，生産技術，営業，原価管理，原価企画**（個々のプロジェクトとしての原価企画活動をサポートするための恒常的な部門）などの関連する部門から**必要な専門**

知識を備えた人材を集め，1つの特別なチームが編成されなければなりません。

　このようなチームは**職能横断的なチーム**（cross-functional team）あるいは**組織横断的なチーム**（cross-organizational team）と呼ばれています。このチームが新製品・サービスの開発に当たって中心的な役割を果たすことは言うまでもありませんが，**価値連鎖**に含まれるすべてのメンバーがこの新製品・サービスの創造に参加しなければなりません。必要に応じてこのチームの構成には，組織内のみならず**バリューチェーン**に含まれる協力企業からの派遣者が加わることもあります。ここに原価企画のためのチームが組織横断的なチームといわれる理由があるのです。

　このような原価企画のための特別なチームも原価企画が浸透するにつれて次第に企業組織の中に組み込まれ，原価企画の部門が1つの組織単位として形成されることもあります。また，原価企画の対象も最初はある特定の製品から始まり，その効果が確認されるようになると，次第に対象範囲が拡大されていくというような展開が見られるようになります。つまり，原価企画は，最初からすべての製品を対象として実施されるわけではありません。

▷**機能分析**
　顧客の要望する製品・サービスを作り出すために最低のコストで経営資源を活用するために利用する手法を**価値工学**（value engineering）といいます。この価値工学は，従来の**価値分析**（value analysis）に他なりません。原価企画にはこの手法は不可欠です。これは，製品・サービスの価値を機能とコストとの関係から分析することを特徴としています。この関係は，次のように定式化されます。

$$価値 = \frac{機能}{コスト}$$

　これは，あくまでも価値分析の考え方をイメージしたものです。しかし，この価値の定義によれば，**製品・サービスの価値を高める**ためには**コストを引き下げる**か**機能を高める**ことが必要であることは明らかでしょう。

　コストの引き下げは，現状の生産条件の下で実際に発生する原価と目標原価との差額が対象となります。この差額が**削減目標**です。この削減目標を実現させるためには機能面での分析との連携が欠かせません。

　その際に，実際に備わっている機能とこの機能を付加するために必要なコストとを明確にすることがまず必要です。その上で，顧客の要望・不満を反映させて必要な機能と不必要な機能とを識別し，**過分な機能を除去し**，**欠けている機能を追加**しなければなりません。その結果として顧客の要望・不満に過不足のない製品・サービスの機能とコストが企画されることになります。

▷**目標原価指数**

　製品の備えている機能とそのために必要な原価との対応を知ることによって，顧客側の評価とメーカー側の評価との間のズレを解消し，より適切な原価管理を行うことができます。その際に用いられる指標が**目標原価指数**です。目標原価指数は次の計算式によって求めることができます。

$$目標原価指数 = \frac{構成要素の重要度}{原価構成割合}$$

ここにいう**構成要素の重要度**は，製品の基本・補助機能の重要度を個々に評価した値を意味しています。例えば，ある製品に4つの機能がある場合にそれらをF1，F2，F3，F4と表し，その重要度の全体を100としてそれぞれの機能の重要度がF1（50），F2（10），F3（20），F4（20）と評価されていると仮定すれば，各機能ごとの製品構成要素（C1〜C4）の評価は次のように示されることになります。

構成要素	F1	F2	F3	F4	重要度
C1	20	4	7	9	40
C2	13	2	2	1	18
C3	5	1	3	1	10
C4	12	3	8	9	32
機能評価	50	10	20	20	100

この表から明らかなように，各構成要素の重要度は各構成要素の機能の評価値の合計値です。この重要度の数値を用いて，実際に**目標原価指数**を求めてみましょう。ある製品の構成要素に関する次のようなデータを想定してみます。

製品構成要素	原価構成割合	重要度	目標原価指数
C1	30%	40%	1.33
C2	20%	18%	0.90
C3	15%	10%	0.67
C4	35%	32%	0.91

この表の右端の欄に**目標原価指数**が示されています。その求め方は上記の計算式にこの表にある具体的データを代入するだけです。例えば，C1の場合には，重要度（40%）を原価構成割合（30%）で割れば1.33

という値が得られます。これが目標原価指数に他なりません。

　それではこの値はどのように解釈されるのでしょうか。上の表では，Ｃ１のみの値が１を超え，その他の３つの構成要素の値はすべて１未満です。原価構成割合はいうまでもなく全体の製造原価に占める各構成要素の製造原価の割合を意味しています。

　これに対して，**重要度**は前述のように当該構成要素の機能評価の合計値を意味しています。この機能評価は，顧客の評価でなければなりません。この値が顧客側の各機能についての評価であることによって，**目標原価指数**が意味を持つことになるのです。

　この指数が１を超えている場合には，当該機能についての顧客の評価が原価を上回っていることになります。このことは，企業側から見れば，この部分にはさらにコストをかける余地があることを意味しているといえます。

　他方，**この指数が１に満たない場合**には，当該機能についての顧客の評価が原価を下回っていることになります。このことは，企業側から見れば，この部分には**さらなるコストの削減が必要**であることを意味しているといえます。このように，目標原価指数を用いることによって，特定の機能の原価とその機能についての顧客の評価とのバランスを判断することができるので，この指数は，機能の重要度を判断することに役立つだけではなく，原価管理にも有効といえます。

▷**原価企画活動の展開**
　原価企画のためには前述のような職能横断的あるいは組織横断的な特別の専門チームが編成されます。原価企画のための活動は，特定の新製

品・サービスの構想企画（場合によってはより広範な複数の新製品・サービスを統合するような構想企画）から始まります。この段階では，既存製品・サービスに対する顧客の要望・不満に対応する機能についての分析・検討が行われます。

　営業部門からの参加メンバーは製品・サービスに対する顧客の要求についての情報を提供すると同時に，顧客の要望・不満に対応した新しい製品・サービスに対して顧客が支払う意思のある価格も提示します。そして**設計部門からの参加メンバー**は，この要求を新製品・サービスに結び付けようと試みます。その結果，顧客からの要望・不満は新製品・サービスの機能に反映されることになります。

　また，営業部門からの参加メンバーによって提示された顧客の希望価格にもとづいて，企画された新製品・サービスの目標原価・基本仕様が定められるとともに，目標原価を費目別・機能別，さらには部品別に細分化して割り当てます。

　そして，この目標原価の達成に向けて該当するそれぞれの部門での原価削減の可能性を検証した上で，製品であれば量産体制への移行のための準備が行われ，サービスであればサービス提供体制の確立に向けての準備が行われるのです。また，実際に新製品・サービスが市場に投入されてからも，**目標原価が達成されているのか否か**についての追跡調査は継続的に行われます。原価企画では，このような一連の活動が2～3年の歳月をかけて行われることになります。

　もちろん新製品・サービスが市場に投入されれば，その時点で原価企画活動が終了するわけではありません。その後も継続的に恒常的な部門である原価企画部あるいは原価管理部を中心に原価管理活動は行われな

ければなりません。以上のことから，**原価企画の目的**は，事前の原価設定もさることながら，新製品・サービスの企画段階から市場投入後にも引き続き行われる**継続的な原価低減**にあるといえるでしょう。

CHAPTER 8
差額原価収益分析

1 差額原価収益分析の意義
2 ケース1:「特別な注文を受けるか否か」を判断してみよう
3 ケース2:「製品・事業部・地域の廃止・撤退の可否」を判断してみよう
4 ケース3:「製品を販売するか,廃棄するか,再製造するか」について判断してみよう
5 ケース4:「アウトソーシングの是非」について判断してみよう
6 ケース5:「現時点で販売すべきか,さらに加工すべきか」について判断してみよう

1 差額原価収益分析の意義

日常の経営活動においても，いろいろな場面で必要に応じてそのつど適切な意思決定が必要となります。意思決定には長期的な視点の下に行われるものと短期的な視点の下に行われるものがあります。意思決定の一般的なプロセスは，**複数の代替案**の中から**最適な代替案**を選ぶことです。

例えば，A案とB案という2つの代替案がある場合を想定してみましょう。この場合に，2つの案によって発生する収益，原価，利益の大きさに関してそれぞれ差が生じることになります。

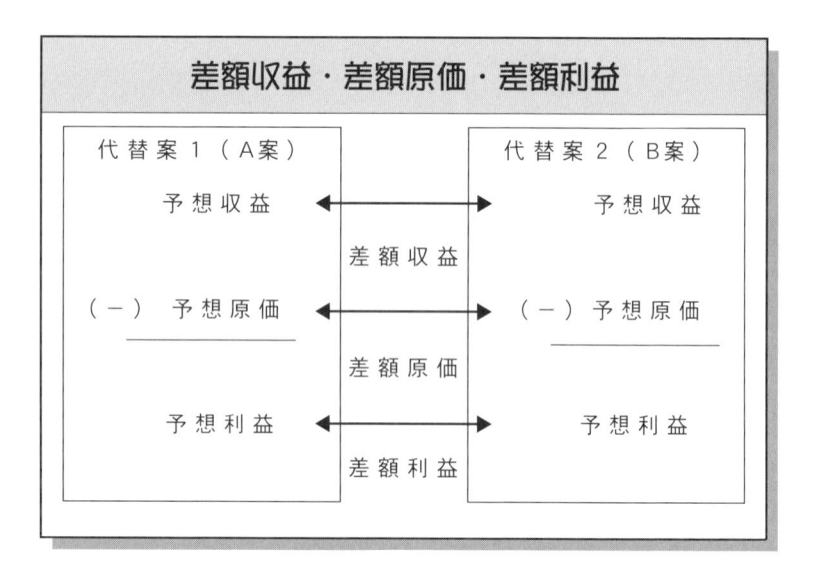

```
┌─────────────────────────────────────────────────┐
│         差額収益・差額原価・差額利益            │
│                                                 │
│  ┌─────────────────┐    ┌─────────────────┐    │
│  │ 代替案1（A案）  │    │ 代替案2（B案）  │    │
│  │                 │    │                 │    │
│  │    予想収益  ◄──┼─差額収益─┼──►  予想収益    │    │
│  │                 │          │                 │    │
│  │ (−) 予想原価 ◄──┼─差額原価─┼──► (−) 予想原価 │    │
│  │    ─────────    │          │    ─────────    │    │
│  │    予想利益  ◄──┼─差額利益─┼──►  予想利益    │    │
│  └─────────────────┘    └─────────────────┘    │
└─────────────────────────────────────────────────┘
```

上の図のように2つの代替案の**予想収益・予想原価・予想利益**のそれぞれの差は，**差額収益，差額原価，差額利益**と呼ばれています。

つまり**差額収益**はここではA案を選択することによって得られること

Chapter 8 差額原価収益分析

が予想される収益の大きさとB案を選択することによって得られることが予想される収益の大きさとの差を意味しています。

また，**差額原価**はA案を選択することによって発生することが予想される原価とB案を選択することによって発生することが予想される原価との差を意味しています。

そして，**差額利益**は，A案によって得られることが予想される収益と発生することが予想される原価との差としての利益と，B案によって得られることが予想される収益と発生することが予想される原価との差としての利益との差を意味しています。

このように代替案相互の収益，原価，利益の各差額を算出することによってどの代替案が最も有利であるのかを判断することができます。

また，意思決定に際しては必ずしも常に複数の代替案が示されるとは限りません。例えば，追加的な注文を受けるか否かの判断は，受けなければ現状のままですが，その注文を受けるとすれば，そのことによって追加的な収益，追加的な原価が発生することになります。このような場合には，その追加的に発生する収益および追加的に発生する原価のそれぞれの大きさが重要な意味を持つことになります。この追加的に発生する収益を**増分収益**といい，追加的に発生する原価を**増分原価**といいます。

これらの増分収益と増分原価とをそれぞれ算定して，両者を比較することによって差額が求められます。この差額を**増分利益**と言います（もちろん，この場合には　増分収益＞増分原価　が想定されていますが，両者の大小関係が反対の場合もあります。その場合には増分利益はマイナスということになります）。増分利益は大きいほど，意思決定の当事

者にとっては有利といえます。

　これに対して，何らかの意思決定を行うことによって，これまで発生していた収益が減少したり，これまで発生していた原価が減少したりすることがあります。このような収益の減少分を**減分収益**，そして原価の減少分を**減分原価**といいます。これらの減分収益と減分原価とをそれぞれ算定して，両者を比較することによって差額が求められます。この差額を**減分利益**といいます（もちろん，この場合には　減分収益＞減分原価　が想定されていますが，両者の大小関係が反対の場合もあります。その場合には減分利益はマイナスということになります）。減分利益は小さいほど，意思決定の当事者にとっては有利といえます。

　差額原価収益分析の方法としては，前述のように収益，原価，利益についての差額を計算することによってその差額のみを分析の対象とする方法だけではなく，意思決定には直接関連しない原価（これを**無関連原価**という）も含めて総額を分析の対象とする方法もあります。前者は，**差額法**と呼ばれています。これに対して，後者は**総額法**と呼ばれています。

　無関連原価には，過去の意思決定によって既にその発生が確定しており現在の意思決定には無関係に発生する原価，あるいは既に発生してしまっている原価（このような原価を**埋没原価**という）があります。このような原価が，これから行われる意思決定に影響を与えるようなことがあれば，その意思決定は最適なものとはなりません。しかし，実際にはそのような原価をも考慮して意思決定が行われる場合もあるのです。

　ここでは，特に短期的な意思決定に限定して，その場合の意思決定のプロセスにおいてこれらの差額概念およびこれに関連するするいくつか

の重要な概念がどのように役立ち，意思決定に関連する原価と無関連な原価とはどのように識別されているのかをいくつかの具体例に基づいて確認してみましょう。

2 ケース1:「特別な注文を受けるか否か」を判断してみよう

ここでの「特別な注文」とは「値引きした額での，1回限りの注文」を意味しています。

この意思決定に際して経営管理者は以下の点について考慮しなければなりません。

受注か否かの判断基準

① この注文に対応するために利用可能な**生産能力が余分に**あるのか。
② 要求された値引き額は，この注文を受けることによって発生する**増分原価**を補償するのに十分であるのか。
③ この注文は，長期にわたって**正規価格**に影響を及ぼすか。

これらの問いかけにこたえることを通じて，最善の意思決定が行われなければなりません。

〔設例1〕

A社はオリジナルロゴ入りのTシャツ〔S・M・Lの3サイズ〕を1枚2,400円で製造・販売している。本日X社より2千枚（単価1,750円，総額350万円）の注文の可否についての問い合わせがあった。

この注文を受けるにあたっては，余剰生産能力を利用できること，固定費は変化しないこと，いかなる販売費などの変動非製造費用も発生しないこと，1,750円という割引価格は正規価格（2,400円）に

> よる販売には全く影響を及ぼさないことが前提となっている。
> 　なお，当期にA社は得意先からの注文を受けてすでに2万枚のTシャツを製造販売しているが，その製造原価は1,800万円，また販売費・一般管理費は1,300万円それぞれ発生している。
> 　その際に，変動製造費用はTシャツ1枚につき540円，変動販売・一般管理費用はTシャツ1枚につき250円であることが判明している。また，固定費は総額1,520万円である。この注文を受けるべきか否かについて意思決定を行いなさい。

前掲の3つの判断基準に関しては，この設例では次のように考えることができます。

≪第1の問いかけに対する考え方≫
　もし既に，100％のフル操業の状態であり，かつすべて正規価格で販売されているのであれば，この注文を受けることは物理的にできません（もちろん，そのような場合にはその必要もありません）。しかし，もし生産能力の一部が利用されずに「**遊休状態**」であれば，**追加的に発生するコストに見合う価格での注文**であれば受けることが望ましいといえます。このことは製造業に限らず，サービス業にもあてはまります。

≪第2の問いかけに対する考え方≫
　正規の販売価格よりも大幅に値引きすることになる販売額は，この注文を受けることによって**追加的に発生する変動コスト**を超えていなければなりません。

つまり，**プラスの貢献利益**をもたらさなければならないのです。そうでなければ，会社はこの取引によって損失を被ることになります。

他方，生産能力に余力があるとすれば，固定費に関しては，通常は影響を受けないはずです。しかし，場合によっては何らかの他の固定費の発生をもたらすことがあります。このような場合には，値引き額はプラスの貢献利益と追加的に発生する固定費をまかなえる程度の金額でなければなりません。

≪第3の問いかけに対する考え方≫
　次のようなリスクが発生する可能性があります。つまり，従来の顧客がこの値引き額のことを聞きつけ正規価格よりも低い価格を要求したり，取引先を変更したりするリスク，この注文の顧客が1回限りではなく，値引き額のままで何度も注文を出してくるリスク，この値引き額が競合他社との価格戦争の始まりとなるリスクなど。この注文を受けることによってこれらのリスクに見合うだけの利益が生じるのか否かを判断しなければなりません。

〔設例1の解説〕
　この設例の場合には，1回限りの特別な注文を受けない場合とその注文を受ける場合とのそれぞれの収益，費用，利益の変化に着目することによって意思決定を行うことができます。具体的には，その特別な注文を受けることによって，追加的に発生する収益と費用を求めることによって，これらの差として利益の大きさも求めることができます。

> Tシャツ2千枚の販売により予想される収益増加額
>   @¥1,750×2,000枚＝350万円
> 予想される費用の増加額：変動製造費用
>   @¥540×2,000枚＝108万円
> 予想される営業利益の増加額
>   350万円－108万円＝242万円

　この設例の場合には，特別な注文を受けることによって製造・販売すればよいので，通常必要な販売・管理に関する特別な努力を必要としません。したがって，この注文のための追加的な販売費などの変動非製造費用は発生しないと考えることができます。これらのことから判断すれば，この特別な注文を受けるべきであるという意思決定が行われることになるはずです。

3 ケース2：「製品・事業部・地域の廃止・撤退の可否」を判断してみよう

経営管理者は，既存の製品・事業部・地域が求められる利益の獲得に貢献していない場合には，その廃止・撤退について以下の視点から判断しなければなりません。

廃止・撤退の判断基準

① その製品（事業部・地域）はプラスの貢献利益を生み出しているのか。
② その製品・事業部を廃止，またはその地域から撤退しても，固定費はなお発生するのか。
③ 廃止・撤退することによって，回避できる固定費があるのか。
④ 廃止・撤退が自社の他の製品（事業部・地域）の売上に影響するのか。
⑤ 廃止・撤退によって生じた非拘束資本によって利益獲得につながる新事業ができるのか。

これらの問いかけに答えることを通じて，最善の意思決定が行われなければなりません。では，具体的な設例でこの問題を検討してみましょう。

〔設例2〕
　設例1のA社が製造・販売している製品別の損益計算書〔前年度〕の内容は以下の資料の通りである。
　A社の場合には，通常のS・M・Lのサイズは規格製品として量

産態勢にあるものの,規格外の大きいサイズ(販売単価2,800円,変動製造費用はTシャツ1枚につき1,400円,変動販売・一般管理費用はTシャツ1枚につき650円)については必要に応じて随時製造することにしている。

A社ではすべての製品の製造に同一工場の同一設備を使用している。

なお,固定費は各製品の販売量に比例して配分されている。特定の固定費(パートタイムで勤務するライン経営管理者の給料:130万円)は規格外サイズのTシャツの製造に際してのみ発生する。これは,規格外サイズのTシャツの固定費とみなされる。

営業損失を計上している製品の廃止についてどのように意思決定すべきであろうか。

資 料

	規格Tシャツ	規格外Tシャツ
	製造・販売量:2.5万枚	製造・販売量:2千枚
売 上 高	60,000,000円	5,600,000円
変 動 費	19,750,000	4,100,000
貢 献 利 益	40,250,000	1,500,000
固 定 費		
製 造 費 用	6,665,000	1,835,000
販 売 費 等	7,400,000	600,000
営 業 利 益	26,185,000	△ 935,000

この設例について,最初に経営管理者が考えるべきことは,上記の問いかけ①についてです。この設例では,規格外Tシャツは,**営業損失**を計上しています。もし,この製品が**マイナスの貢献利益**しか計上していないのであれば,当該製品の**変動費の回収**にも十分には貢献できていないので,この製品の廃止を決断すべきでしょう。しかし,もしこの製品が**プラスの貢献利益**を計上しているのであれば,少なくとも会社の**固定**

費の一部分の回収には貢献していることになります。

　また，この設例の固定費の配分は恣意的であると考えられます。他の方法でも配分はできるはずであり，そうすれば異なる金額が配分されることになるはずです。この設例の場合に配分された固定費は意思決定には無関連と考えることができます。したがって，ここでは前記の問いかけのうち固定費に関連する②および③についてさらに考えてみなければなりません。

　廃止・撤退後にも存在し続ける固定費は，**回避不能固定費**ともいわれます。このような固定費は，廃止・撤退にかかわらずその金額には変化が生じないので，**意思決定に対しては無関連**といえます。

　ここで規格外Tシャツ製品を廃止する場合を想定して，それによって減少する収益と費用，およびその差としての利益を計算してみることにしましょう。

収益の減少分（減分収益）＝規格外Tシャツの売上高
　　＠￥2,800×2,000枚＝560万円
原価の減少分（減分原価）＝変動製造原価
　　＠￥2,050×2,000枚＝410万円
収益の減少分と費用の減少分との差
　　＝560万円－410万円＝150万円

　この規格外Tシャツ製品を廃止すれば，営業利益に150万円のマイナス（この利益のマイナス分を**減分利益**ということもできます）が発生することになります。このことは，150万円の**貢献利益**を失うことを意味

しています。したがって、この分析結果は、この製品を廃止すべきではないことを示していると考えられます。なお、上記の収益の減少分は端的には**減分収益**、費用の減少分は**減分原価**と呼ばれています。

これに加えてさらに見落としてはならないことは、パートタイムで勤務するライン管理者の給料はこの製品を廃止すれば発生しなくなるので、この負担を回避できるということです。つまりこれは**回避可能原価**といえるでしょう。これは意思決定にとっては**関連原価**です。

これに対して、他の固定費は計算の結果として規格外Tシャツに配分されてはいるものの、その発生は回避不能です。つまり、規格外Tシャツという製品を廃止したとしても、その他の固定費は発生するので製造を継続する規格Tシャツがこれをすべて負担することになるだけです。

とすれば、このライン管理者の給料分を上記の分析の原価の減少分にさらに追加して、410万円＋130万円となれば、合計540万円の原価の減少分に対して、収益の減少分は相変わらず560万円のままとなります。

つまり、この製品を廃止すれば確かに大きな原価削減効果が生じますが、それでも貢献利益を20万円失うことになります。したがって、このライン管理者の給料分を考慮に入れたとしても、分析結果はこの製品を廃止すべきではないことを意味しています。

また、④についても考えなければなりません。この設例では規格外Tシャツの廃止によって規格Tシャツの販売が何らかの影響を受けることになるのか否かということが考えられなければなりません。もし、マイナスの影響があるとすれば、売上の減少がどの程度と予想されるのかを考慮して規格外Tシャツを廃止するのか否かが判断されなければなりま

せん。

　一般に，一か所で複数の品物を購入できるワンストップ・ショッピングを前提とすれば，消費者はその場の買い物で済ませられることを望んでいるかもしれません。そのような場合に，店の責任者にとっては，もしある製品を店頭に並べないようにすれば，そのことによって顧客そのものを失うことになる可能性があります。したがって，収益性が低いからという理由で不用意に製品を店頭から排除することはしないでしょう。場合によっては，**他の製品・事業部・地域の損失を含めて全体的な視点から判断**することも必要です。

　最後に⑤について，もし，製品の廃止を決めれば，そのことによって機械の作業能力の遊休分（作業せずに休ませている時間）を活用してほかの製品を作ることになるでしょうか。

　その場合には，これまで以上に収益性の高い製品を作らなければなりません。この設例の場合には規格外Tシャツを製造するという目的のために拘束されていた資本が，その廃止に伴って自由に利用できるようになった時に，これを**遊休資産**のような利益を生み出さない状態に置くのではなく，従来の規格外Tシャツの利益率を上回るような効率性によって活用することができるのか否かが判断されなければなりません。

　これらのことを踏まえれば，このような場合の判断の基準については，次のように考えることができます。

> 製品等の廃止・撤退によって…
>   失われる収益＞削減される費用 の場合
>   ⇒廃止・撤退しない。
>   失われる収益＜削減される費用 の場合
>   ⇒廃止・撤退する。

したがって，この設例は

> 製品等の廃止・撤退によって失われる収益＞削減される費用

の場合に当てはまりますから，規格外Tシャツを廃止しないという結論に至ります。

4 ケース3:「製品を販売するか,廃棄するか,再製造するか」について判断してみよう

　経営管理者は,製品の機能が陳腐化したり,製品自体に欠陥がある場合の意思決定に直面することがあります。このような場合には以下のポイントが考慮されなければなりません。

> ### 製品に陳腐化・欠陥がある場合の判断基準
>
> ① その製品を割安価格にて販売することができるのか。
> ② その製品の陳腐化した部分あるいは欠陥部分を取り換えて販売することができるのか。

　これらの問いかけに答えることを通じて,経営管理者は最善の意思決定を行わなければなりません。具体的な設例で検討してみましょう。

> 〔設例3〕
> 　B社は低価格パソコンのメーカーである。今ある在庫のうちの600台については,最も重要な部品の機能が劣っているために市場競争力に欠けている。正規の販売価格は,7万円(製造原価は6万円／台)であるが,とてもその価格では販売できないことは明らかである。この600台のパソコンの処分方法については,次の2つの選択肢が考えられている。
> 　(1)　アウトレットショップに1台あたり4.5万円で販売する。
> 　(2)　当該部品を交換し,機能を向上させて1台あたり7.5万円で得意先に販売する。この場合には,部品の交換のために1台にあたり2万円のコストが発生する。

Chapter 8 差額原価収益分析

　この設例の場合には，**最大限のコスト回収**を考えなければなりません。想定される最悪のケースは当該製品を廃棄処分することです。

　その場合には，製造・保管に要したコストを回収することはほとんど不可能となります。せいぜい廃棄処分の際に何らかの**処分価値**があり，それで処分費用の一部をまかなうことができれば，追加の負担は発生しませんが，後者の方が前者を上回る場合には**処分のための追加コストも負担**しなければなりません。

　これに対して，可能な限りコストの回収を考えるとすれば，上記の①または②のどちらかの可能性があれば，負担コストの発生をある程度は抑えることができます。

　前記の①はこの設例の(1)の場合にあてはまります。また，前記の②はこの設例の(2)にあてはまります。両者の**差額原価**と**差額収益**を比較して計算すれば，次のようになります。

(1)の場合	(2)の場合	
(収益)　4.5万円×600台 　　　　＝2,700万円	(収益)　7.5万円×600台 　　　　＝4,500万円	差額収益 1,800万円
────	(追加費用)　2万円×600台 　　　　　　＝1,200万円	差額原価 1,200万円
(利益)　2,700万円	(利益)　3,300万円	差額利益 600万円

　このような場合の意思決定では，いうまでもなく既に発生している製造原価および製品の保管費用等のコストをすべて回収することは断念せざるを得ません。しかも，この意思決定に際してはそのようなコストは，

241

無関係です。

　つまり，(1)または(2)のどちらの場合を選択するとしても，そのようなコストは両者に共通する**無関連原価**と考えられます。これまでに投資したコストを全額回収することはできないのです。この計算結果から明らかなように，当該製品の重要部品を取り換えて販売することがこの場合の最善の対応策といえるでしょう。

5 ケース4:「アウトソーシングの是非」について判断してみよう

経営管理者はMake-or-buy（自製か購入か）あるいは**アウトソーシング**（外部委託）と呼ばれる意思決定に直面することがあります。このような場合には以下のポイントが考慮されなければなりません。

>### アウトソーシングの判断基準
>
> ① 変動費とアウトソーシング費とをどのように比較するのか。
> ② アウトソーシングした場合には，すべての固定費を回避できるのか。
> ③ 非拘束資本によって利益獲得につながる新事業ができるのか。

これらの問いかけに答えることを通じて，経営管理者は最善の意思決定を行わなければなりません。

〔設例4〕
　前掲の設例1のA社は，規格Tシャツの販売促進のために有名ブランドのロゴマークを付けることになり，これを自製にするかアウトソーシングにするかを判断しなければならない。
　アウトソーシングする場合には，その専門会社に依頼することになる。Tシャツ5千枚にロゴマークを付けるための加工を自社にて行うためには，Tシャツ自体の製造コストとは別にさらに直接材料費50万円，直接労務費30万円（ただし，人員増加の必要なし），変動製造間接費10万円が追加的に発生し，さらにロゴマークを付けるための特別な機械をリースにより調達しなければならない。その

> リース料として年間60万円が発生する。
> 　なお，この機械はロゴマークの取り付けのための特殊な装置ではあるものの，当該ブランド専用装置ではないので，今後はＡ社独自のロゴマークの取り付けに利用することも考えられている。また，今回のその有名ブランド使用に際してはブランド使用料として年間120万円が発生することになる。したがって，自製の場合にはＴシャツ１枚について540円のコストが発生することになる。
> 　これに対して，専門会社にロゴマークの取り付け加工を依頼する場合にはＴシャツ１枚について150円の外注加工費が発生するとともに，直接材料費50万円はＡ社が負担することになる。もちろん，ブランド使用料として年間に上記の金額を支払わなければならない。さて，どのように考えるべきであろうか。

　この設例に示されているデータを単純に解釈すれば，Ｔシャツ１枚あたりのコストの比較から，アウトソーシングが有利と考えられます。もちろん，その場合の比較は，Ｔシャツ１枚あたりの自製の場合のコスト540円と外注加工の場合のコスト490円（この内訳は，150円＋340円です。340円は直接材料費とブランド使用料とのＴシャツ１枚あたりの負担額です）との比較であることはいうまでもありません。

　しかし，現実にはそれほど単純ではありません。コストの構成をみると，ロゴマークを取り付けるための特殊な機械の年間リース料60万円の存在に気付きます。これが**アウトソーシングによって回避可能か否か**によって，判断は異なるものとなるのです。

　もし，その特殊な機械の年間リース料が回避不能であれば，このコストは自製であろうがアウトソーシングであろうが発生するので，**無関連コスト**と考えられます。同様に，直接材料費とブランド使用料もまた自

Chapter 8 差額原価収益分析

製あるいはアウトソーシングにかかわらず発生する無関連コストです。

したがって，これらのコストも意思決定には関係しません。しかし，ここでは**総額法**で比較してみることにしましょう。もしA社自身が加工した場合のコストは，総額270万円です。この270万円が発生するコストとみなされます。つまり，270万円÷5千枚＝540円がTシャツ1枚あたりのコストとなります。

これに対して，アウトソーシングする場合のコストは，総額305万円となります。この305万円が発生するコストであるとすれば，305万円÷5千枚＝610円がTシャツ1枚あたりのコストとなります。したがって，この540円と610円を比較すれば，A社が自製する方が有利といえます。

《特殊な機械の年間リース料が回避不能な場合：総額法》

自　　　製	アウトソーシング	差額原価
270万円	305万円	35万円

この場合の原価の内訳を比較してみると次のようになります。

	自　　　製	アウトソーシング
直 接 材 料 費	500,000円	500,000円
直 接 労 務 費	300,000円	——
変 動 製 造 間 接 費	100,000円	——
機 械 リ ー ス 料	600,000円	600,000円
ブ ラ ン ド 料	1,200,000円	1,200,000円
外 注 費	——	750,000円
合 計	2,700,000円	3,050,000円

この比較から明らかなように，自製とアウトソーシングに共通するコスト要素は，**意思決定には関係しない無関連原価**と考えられます。したがって，意思決定に直接関係するコスト要素は，直接労務費，変動製造間接費および外注費となります。自製の場合には直接労務費30万円と変動製造間接費10万円が固有のコストとして発生し，アウトソーシングの場合には外注費75万円が固有のコストとして発生することになります。上記の差額原価35万円も実は，この自製の固有コスト40万円とアウトソーシングの固有コスト75万円の差といえます。

　これに対して，もし特殊機械のリース料が回避可能，例えば一部回避可能であれば，年間リース料金は意思決定に関連します。ここで，もしリース機械がブランドのロゴマーク加工にしか利用されないとすれば，アウトソーシングによって60万円の年間リース料が回避可能となります。

　その場合には，アウトソーシングの場合のコストは，提示単価@150×5千枚＝75万円とA社が負担すべき直接材料費50万円とブランド使用料120万円との合計額245万円となります。これを自製の場合のコスト総額270万円と比べれば，アウトソーシングをする方が有利といえます。

《特殊な機械の年間リース料がすべて回避可能な場合：総額法》

自　　製	アウトソーシング	差額原価
270万円	245万円	25万円

　上掲の回避不能な場合と比べて，アウトソーシングの場合のコストが60万円少なくなっている理由は，年間リース料を除外したことにあります。この場合には，全額を回避可能とみなしたことによって，60万円全額が意思決定に関連することになり，その金額をアウトソーシングの場合には考慮する必要がなくなります。その結果として，上記のような

245万円という金額になっているのです。

また、もしアウトソーシングによって年間リース料の半額（当該機械の利用度が有名ブランドとA社独自ブランドとについて同程度であると仮定する場合）が回避可能であれば、アウトソーシングの場合のコストは提示単価＠¥150×5千枚＝75万円と回避可能額を除いた年間リース料の半額30万円とA社が負担すべき直接材料費50万円とブランド使用料120万円との合計額275万円となります。これを自製の場合のコスト総額270万円と比べれば、A社が自製する方が有利と考えられます。

《特殊な機械の年間リース料が一部回避可能な場合：総額法》

自　　　製	アウトソーシング	差額原価
270万円	275万円	5万円

いうまでもなく前掲の全額回避可能な場合と比べて、アウトソーシングの場合のコストが30万円多くなっている理由は、年間リース料を半額しか除外していないことにあります。この場合には、半額を回避可能とみなしたことによって、60万円のうちの30万円が意思決定に関連することになり、その金額がアウトソーシングの場合には考慮する必要がなくなります。その結果として、上記のような275万円という金額になっているのです。

いずれにしても、このような場合の意思決定にとっては、関連情報（つまりここでは原価の差）と**貢献利益**（変動費と固定費を分けて考える）**アプローチ**が重要といえます。

これらのことを踏まえれば、このような場合の判断の基準については、次のように考えることができます。

> 自製の増分原価＞アウトソーシングの増分原価　の場合
> 　　　　⇒アウトソーシングすべきである
>
> 自製の増分原価＜アウトソーシングの増分原価　の場合
> 　　　　⇒自製すべきである

6　ケース5:「現時点で販売すべきか,さらに加工すべきか」について判断してみよう

　生産工程のどの時点で製品を販売すべきかについての意思決定は,とりわけ食品加工,天然資源などの業種では常に直面する問題といえます。

　例えば,しぼりたての牛乳(厳密には生乳)から殺菌して製品としての「牛乳」,バター,チーズ,練乳,乳酸菌飲料などの加工品を作るような場合,あるいはレギュラーガソリンの製造,さらにこれを生成してプレミアムガソリンを製造するような場合が想定されます。

　牛乳の場合には,生産過剰によって牛乳が廃棄処分されたり,他方ではバターの品不足というような社会現象も発生しています。需要に合わせて適切な製品に加工することは,生産する側にとっては非常に重要な意思決定といえるでしょう。いずれにしても,そのような場合には以下のポイントが考慮されなければなりません。

加工すべきかどうかの判断基準

① 今の状態の製品を販売することによって,どれだけの利益が得られるのか。
② その製品をさらに加工して販売した場合には,どれだけの利益が得られるのか。
③ その製品をさらに加工する場合には,どれだけのコストが発生するのか。

　これらの問いかけに答えることを通じて,経営管理者は最善の意思決定を行わなければなりません。

〔設例5〕
　レギュラーガソリンを今販売すれば1リットル120円で7万リットル販売可能,プレミアムに精製すれば1リットル140円で7万リットル販売可能、ただしレギュラーからプレミアムへの転換には1リットルにつき15円の追加コストが発生する。さて、どのように考えるべきであろうか。

この設例の場合には，次のようにレギュラーの売上高とプレミアムの売上高との比較からレギュラーでは840万円，プレミアムでは980万円となるので，売上の差はプレミアムが140万円大きいことがわかります。

レギュラー	プレミアム	差　額
収益　840万円	収益　980万円	差額収益　140万円
原価　――	原価　105万円	差額原価　105万円
利益　840万円	利益　875万円	差額利益　35万円

コストはプレミアムにのみ105万円発生することになります。もちろん，他にも製造コストは発生しますが，それは両方に共通しているので，この意思決定に際しては**無関連原価**と考えられます。もっともこの設例では，そのような共通のコストに関する情報は与えられていないので，この場合には必然的に差額法が適用されることになります。

そして，その比較から明らかなように，両者の利益を差し引きすれば，プレミアムにすることによって35万円の**差額利益**が発生すると考えられるので，プレミアムに精製することが，この場合の最善の意思決定といえるでしょう。

以上の各種の設例についての分析から明らかなように，**差額原価**あるいは**差額収益**，さらには**差額利益**に関する分析は，日常的に直面するさまざまな意思決定に深くかかわっているのです。

CHAPTER 9
設備投資の経済計算

1　設備投資の意思決定がなぜ重要なのか
2　設備投資の目的
3　設備投資の評価プロセス
4　設備投資の経済計算の要素
5　設備投資の経済計算方法
6　新しい設備投資経済計算の考え方
7　EVAとは？
8　ROI，ROA，ROEとは？
9　RIとは？

1 設備投資の意思決定がなぜ重要なのか

企業にとって,新製品生産のための新規工場の建設,新しい販売チャネルの増設,高額な生産設備の買収などの設備投資が事業遂行上に必要とされます。

設備投資の意思決定が管理会計でなぜ重要なのかと考えると,基本的には3つの要因があると考えられます。

> 1. 設備投資自体が高額で,しかも将来の企業構造を大きく変える可能性がある。
> 2. 高額な設備投資の実行のために,多額の資金調達が企業に必要となる。
> 3. いったん設備投資が実行されると,長期にわたって設備資金が固定化され,企業の固定費負担が増加する。

このために,企業は将来にわたって固定費負担が増加し,多額の資金が設備に固定される設備投資については,その導入段階で慎重な意思決定を行う必要があるのです。

このような設備投資に対する予算を資本予算と呼びます。資本予算による現金の支出を資本支出と呼びます。

資本予算は,企業が策定する長期の戦略計画から短期の予算編成までの数年にわたって,予算編成プロセスに大きな影響を与えます。設備投資の提案は企業の戦略目標と方針から吟味され,1年以内の投資を含む比較的短期の意思決定とは区別される必要があります。

2　設備投資の目的

それでは設備投資の目的にはどのようなものがあるでしょうか？一般的に，設備投資の目的は5つに大別されます。

1. 取替投資：現在の設備が老朽化して同一機能を持つ設備に取り替える投資で，人件費やエネルギー・コストなどのコスト節約が目的となります。
2. 陳腐化による取替投資：物理的にはまだ十分に使える設備であっても，現在の製品生産には技術が古すぎて使えないことがあります。この設備取替が陳腐化による取替投資です。コスト節約がその目的となります。
3. 拡張投資：現在の設備と比較して増産や拡大販売を目的として実行する投資です。
4. 製品投資（製品群拡張投資）：これは製品改良投資と新製品追加投資に大別されます。新製品改良投資はすでに市場に競争者がいるために製品改良が必要とされ，この投資はさらに防御的投資と攻撃的投資の2つに大別されます。防御的投資はシェア維持のために製品改良を利用し，攻撃的投資はシェア拡大のための製品改定投資を行うものです。
5. 戦略的投資：採算計算を実施したくても，短期的には設備投資効果の測定が難しいが，長期的観点からはどうしても実施せざるを得ない設備投資を言います。例えば，企業における情報システム投資や環境整備などの設備投資がこれに当たります。いずれも企業のインフラストラクチュア（基盤となる設備）ですが，短期的にかつ財務的に得られる便益を数値的に計測するのは困難です。

3 設備投資の評価プロセス

設備投資の評価プロセスは7つのステップから構成されます。

> 1．目的と戦略
>   企業戦略を踏まえて，前に示した5つの設備投資の目的のどれであるかを明確にします。
> 2．機会の探索
>   設備投資の目的に適う投資機会に対して，継続に探索が実行されます。企業には複数の目的があるとしても，成長と収益力の確保は，投資機会の選別に最も重要な基準のうちの2つと考えられます。
> 3．機会の選別
>   個々の設備投資提案は技術的に実現可能であるかどうか，必要とされる資源が手に入るのか，予想収益は予想リスクを上回るのかなどの疑問に答えるために，機会選別のための予備的な探索プロセスが必要とされます。
> 4．実現可能な代替案の分析
>   設備投資提案は次に技術的，経済的データを集めることにより，より詳細に分析されます。具体的には経済予測情報，資源予測情報，技術的調査と予測，競合他社の戦略および戦術の予測，資金計画の検討，投資利益率などの評価指標の検討などが行われます。設備投資提案は最終的に収益性，リスクおよび緊急性の程度で順位がつけられます。
> 5．代替案の評価
>   設備投資提案に関わるプロジェクト期間中の現金流入量と現金流出量の予測，その設備投資提案を評価するための評価方法がここで使われます。代替案の評価方法については，

設備投資の経済計算方法で詳しくお話しましょう。
6．投資提案の認可
　　代替案が評価されると，設備投資提案は上位の管理者の評価に委ねられます。
7．設備投資提案の実施と統制
　　設備投資提案が承認されると，これは実施され，進捗管理が実施され，適宜モニタリングされます。

4 設備投資の経済計算の要素

上の設備投資の評価プロセスのなかで，代替案の分析と評価に必要な経済計算の要素は次の通りです。

> 1．設備投資の計画期間
>
> 　設備の経済年数が一般的には計画期間と見なされます。それでは経済年数とはどのように決定されるのでしょうか？
>
> 　設備には老朽化による物理的年数，陳腐化などによる技術的年数，設備により生産される製品の市場性年数などがあげられます。一般的には，このなかで最短の期間を経済年数と設定します。
>
> 2．キャッシュ・フロー
>
> 　各年度の現金流入額をキャッシュ・インフロー，現金流出額をキャッシュ・アウトフローと呼び，両者の差分をネット・キャッシュ・フローと呼びます。
>
> 　キャッシュ・インフローには毎年の経常収入，資産処分等による現金流入額等があります。キャッシュ・アウトフローには設備投資，取替投資などの資本支出と人件費，エネルギーなどの費用から発生する経常支出に関連する現金流出額等があります。減価償却費は費用として発生しますが現金は流出しません。これを中性費用と呼び，棚卸減耗損・評価損なども減価償却費と同じような扱いとなります。
>
> 3．資本コスト
>
> 　企業は借入金，社債，資本などの各種の資金源泉から資金を調達して，事業に利用します。これから生じる価値犠牲を資本コストと言います。一般的には調達源泉ごとの資本コストを加重平均した平均資本コスト率が設備投資の経済計算に使われます。

Chapter 9　設備投資の経済計算

簡単な例を下図の貸借対照表に示しました。

貸借対照表

借　方	貸　方
流動資産	長期借入金 （150万円）
固定資産	資本金 （50万円）

貸借対照表の貸方は資金の調達を示し，借方はその資金の使途を表しています。

例えば長期借入金150万円を金利4％，資本金50万円には配当率を10％としてみましょう。平均資本コスト率は5.5％となります。

$$平均資本コスト = 4\% \times \frac{150}{150+50} + 10\% \times \frac{50}{150+50} = 5.5\%$$

259

5　設備投資の経済計算方法

　設備投資は将来の数年にわたって実施されるので,現金の流出入額に対する期間調整を伴う方法と伴わない方法の2つの方法があります。

　期間調整を伴わない方法には回収期間法や会計的利益率法があります。一方,期間調整を行う手法として,ディスカウント・キャッシュ・フロー法(DCF法)があります。DCF法は現在価値法と内部利益率法に大別されます。

　設備投資の経済計算方法はこれ以外にも多数のヴァリエーションがありますが,この4つに代表されると考えて良いでしょう。

　まず,期間調整を伴わない回収期間法と会計的利益率法の2つを考えてみましょう。

(1)　回収期間法

　この方法は,設備投資額を回収するために必要な年数を以下の式から計算します。

$$回収期間(年数) = \frac{設備投資額}{年平均の予想キャッシュ・フロー}$$

　回収期間法では,最短回収期間の設備投資提案に資金が投下されます。これを設例1で見てみましょう。

〔設例1〕

	プロジェクトX		プロジェクトY	
初期投資	(100,000)		(100,000)	
年	現金流入額	現金流入額累積	現金流入額	現金流入額累積
1	20,000	0	25,000	0
2	20,000	40,000	25,000	50,000
3	30,000	70,000	50,000	100,000
4	30,000	100,000	20,000	120,000
5	50,000	150,000	10,000	130,000

この例で,プロジェクトYはプロジェクトXの4年間の回収期間より短い3年の回収期間であるために選択されます。

回収期間法の利点には次のようなものがあります。

回収期間法の利点

1 適用するのに単純で,誰にも理解しやすいため,会計に疎い経営管理者にも納得できる手法です。
2 早い年次で発生するキャッシュ・フローが遅い年次に発生するキャッシュ・フローより確実であるため,回収期間法はリスク評価に有効です。短い回収期間を持つ設備投資は,一般にそれほど危険でないと考えられています。
3 将来の利子率の動向についての仮定が含まれません。
4 早く返金する能力に応じて設備投資案件をランク付けすることは,企業に資金制約がある時には有利に働きます。

一方，回収期間法の不利点には次のようなものがあります。

回収期間法の不利点

1 回収期間の設定値が他の経営指標と比較されなければ，設備投資が採択されるべきか，却下されるべきかを回収期間だけでは判断できません。
2 回収期間法では計画期間以降に発生するキャッシュ・フローは無視されます。設例1で，5年目のプロジェクトXの50,000とプロジェクトYの4年目，5年目での20,000と10,000のキャッシュ・フローは，評価基準から除外されるために，両者の収益性は無視され，資金回収速度が重要な評価基準となります。
3 回収期間法ではキャッシュ・フローのタイミングが考慮されません。将来のキャッシュ・フローを最初の設備投資額と比較するために，現在価値に割り引かれる必要があります。しかし，この不利点は割引回収期間法である程度克服されます。
4 回収期間法は，一般的に設備投資の残存価額を考慮しません。

(2) 会計的利益率法

会計的利益率法は，会計上の利益を対象として，

$$会計的利益率 = \frac{年間平均利益}{平均（あるいは初期）投資額} \times 100\%$$

として算出されます。この評価方法を設例2から見てみましょう。

Chapter 9 設備投資の経済計算

〔設例2〕
　500,000の支出を伴う設備投資によって，毎年以下の利益（減価償却費差し引き後）が発生することが期待されるとしましょう。

1年目	40,000
2年目	80,000
3年目	90,000
4年目	30,000

$$平均年間利益 = \frac{40,000+80,000+90,000+30,000}{4} = 60,000$$

もし，設備の残存価額がゼロと仮定されれば，平均投資額は，最初の投資額と終りの投資額平均となります。

すなわち，$\frac{500,000+0}{2} = 250,000$

これから，会計的利益率を計算すると，

$$会計的利益率 = \frac{60,000}{250,000} \times 100 = 24\%となります。$$

会計的利益率法の利点には次のようなものがあります。

会計的利益率法の利点

1　計算が単純で理解しやすい。
2　年次の財務諸表で開示される利益に基づいています。
3　回収期間法と異なり，会計的利益率法は計画期間に含まれるすべての期間を考慮に入れます。

会計的利益率法の不利点には次のようなものがあります。

> **会計的利益率法の不利点**
>
> 1　回収期間法同様，キャッシュ・フローのタイミングを考慮しません。
> 2　年間収益が会計上の利益の観点から表されるので，設備投資に必要な現金管理がおろそかになります。
> 3　会計的利益率がその他の評価指標と比較されなければ，会計的利益率法による設備投資が採択か却下かが不明です。
> 4　キャッシュ・フローではなく，会計処理によって変化する会計利益に基づきます。

次に，期間調整を伴う回収期間法と会計的利益率法の2つを考えてみましょう。

(3)　貨幣の時間価値

回収期間法と会計的利益率法の主な欠点の1つは，早い時点で現金収入を受け取ることが好ましいという事実を無視していることであると考えられます。

すなわち現金は時間の経過に伴って価値が変化します。例えば，年10％の一定利率で投資された1,000の将来価値は，複利の公式を使って計算できます。

$$F = P(1+i)^t \cdots\cdots(1)$$

ここでFは＝将来価値，Pは現在の設備投資額（年度0），tは投資

Chapter 9　設備投資の経済計算

年数，iは割引率（利子率）としましょう。1年目，2年目，3年目の将来価値は次のように計算されます。

> 1年　$F = 1,000(1+0.10)^1 = 1,100$
> 2年　$F = 1,000(1+0.10)^2 = 1,210$
> 3年　$F = 1,000(1+0.10)^3 = 1,331$

これは，現在価値を将来価値に変換していますが（インフレート），割引計算は，将来受け取る現金収入を現在時点の価値に変換（デフレート）するものです。

将来価値の計算式(1)は，現在価値を決めるための式(2)に変形することができます。

$P = F/(1+i)^t$ ……(2)

例えば，3年目の終わりに受け取る現金収入額は1,331なので，これを用いて現在価値は次のように計算されます。

$P = 1,331/(1+0.1)^3 = 1,000$

現在時点とは異なる時点でのキャッシュ・インフローとキャッシュ・アウトフローを現在時点での価値に変換する手法をディスカウント・キャッシュ・フロー（ＤＣＦ）法と呼びます。

それでは割引率または利子率はどのようにして設定されるのでしょうか？

(4) 割引率（利子率）

　設備投資のために調達される資金のコストが資本コストです。資本コスト率は，市場で決定される利子率を基礎に，設備投資の経済計算の中で割引キャッシュ・フローに使用される割引率（あるいは要求される利益率）と考えることができます。

　一般的に，設備投資の経済計算では，

> 1　割引率は計画期間中では一定です。
> 2　すべてのキャッシュ・フローは確実に予測できるので，危険を担保するために割引率にリスク・プレミアムを加える必要はありません。

という仮定がおかれています。

　ここで，ＤＣＦ法の利点，不利点を考えてみましょう。
　ＤＣＦ法の利点には次のようなものがあります。

ＤＣＦ法の利点

1　キャッシュ・フローのタイミングを考慮し，現金の時間価値を考慮に入れています。
2　設備投資の計画期間全体にわたって評価が実施されます。
3　設備投資に関する採択／却下の判断が，金額として明確に算定されます。
4　会計的利益でなくキャッシュ・フローに基づいているため，会計処理の方法によって影響されません。
5　リスク要因を考慮したい場合には，割引率にリスクを調整することによってＤＣＦ計算に反映させることができます。

DCF法の不利点には次のようなものがあります。

DCF法の不利点

1　正確に設備投資計画期間の割引率を一定にすることは困難です。
2　DCF法の適切な適用と結果の解釈には専門的知識を備えた人材が必要です。
3　DCF法はキャッシュ・フローに基づきますが，キャッシュ・フローと損益は実質上，以下の理由のために異なるので，計算が煩雑となります。
　(a)　設備投資によって発生するキャッシュ・フローは，その結果が将来の数年間に及びます。
　(b)　現金の受領は，販売時点と異なる時に発生するのが通常です。
　(c)　減価償却費などの中性費用は，キャッシュ・フローには影響しません。

DCF法は現金の時間価値を取り入れていることで，技術的にも他の技法より優れていると考えられます。しかし，日本の大企業に対する調査によれば，主として回収期間法が幅広く使われています。

さて，DCF法には正味現在価値法（NPV）と内部利益率法（IRR）の2つの代表的な評価方法があります。

(5)　**正味現在価値法（NPV）**

設備投資の正味現在価値（NPV）は，予測されるキャッシュ・インフローとキャッシュ・アウトフローの差分であるネット・キャッシュ・フローの現在価値として表されます。

ネット・キャッシュ・フローの現在価値（ＮＰＶ）がプラスであれば，設備投資が採択されます。簡単な設例3から，これを確認してみましょう。

〔設例3〕

企業が，3年間のプロジェクトに10,000を設備投資します。毎年予測されるネット・キャッシュ・フローは次の通りです。

1年目　4,000
2年目　5,000
3年目　4,000

割引率は年10％とすると，その設備投資は採択されるべきでしょうか？

ネット・キャッシュ・フローの3年間の現在価値合計は(2)式を利用することで計算されます。

$$P = F/(1+i)^t \cdots\cdots(2)$$
$$10,770 = 4,000/(1.10)^1 + 5,000/(1.10)^2 + 4,000/(1.10)^3$$

ネット・キャッシュ・フローの現在価値合計は10,770となり，現在時点での設備投資額10,000を控除した正味現在価値（ＮＰＶ）は770（10,770－10,000）となります。したがって，この設備投資案件はプラスのNPVが得られるために，採択されることになります。

Chapter 9 設備投資の経済計算

正味現在価値法の利点

1　この方法によって収益の絶対測定値が与えられ，企業価値の変化が示されます。
2　投資の正味現在価値は加算的です。すなわちキャッシュ・フローを倍にすると正味現在価値も2倍になります。
3　NPVは相互排他的プロジェクトについて常に正しいランキングを与えます。
4　NPV法は，当座のキャッシュ・フローの再投資が資本コストで行われると仮定しています。

(6)　現価係数

(2)式で，$1/(1+i)^t$ は現価係数と呼ばれます。この現価係数は，複利表を参照することによって見出されます。例えば，10%の利子率で，1年目の現価係数は0.909，2年目と3年目は0.826と0.750です。

そこで，NPVを計算するために設例3に現価係数を適用してみましょう。

年	キャッシュ・フロー	現価係数	現在価値
0	(10,000)	1	(10,000)
1	4,000	0.909	3,636
2	5,000	0.826	4,130
3	4,000	0.751	3,004

$$NPV = -10,000 \times 1 + 4,000 \times 0.909 + 5,000 \times 0.826 + 4,000 \times 0.751 = 770$$

269

(7) 内部利益率法（ＩＲＲ）

　内部利益率は，設備投資の現在価値がゼロであるときの利子率と定義できます。

　ＩＲＲを計算するために，同じ設例3を取り上げてみましょう。

　ＩＲＲは，ＮＰＶがゼロになるまで多くの割引率を代入した試行錯誤法によって計算されます。具体的には次のような方法がとられます。

　12％の割引率を代入すると，405が正のＮＰＶとして計算されます。また，15％の割引率ならば108の負のＮＰＶとして計算されます。すなわち，ＩＲＲは12％と15％の間に存在すると考えられます。

　正と負のＮＰＶ値が計算されたならば，ＩＲＲは内挿法を利用することによって推定されます。内挿法の式は，次のようになります。

　　ＩＲＲ＝低い利子率＋(低い利子率のＮＰＶ／(低い率のＮＰＶ
　　　　　－高い利子率のＮＰＶ))×(高い利子率－低い利子率)

　これに，先ほどの数値を代入すると

　　ＩＲＲ＝12％＋(405／(405－(－108)))×(15％－12％)
　　　　　＝14.37％(IRR)

　内挿法はＮＰＶと利子率の関係が線形と仮定しているので，ＩＲＲの近似値を推定しただけです。正と負のＮＰＶを生じる2つの利子率間の距離が大きいと，ＩＲＲの推計制度は低くなります。

Chapter 9 設備投資の経済計算

ＩＲＲを計算するので割引率は設定する必要はありませんが，設備投資の却下・採択を決めるために，企業の平均資本コスト率と比較することが重要です。

ＩＲＲが資本コスト率を超える－上記の例で14.4％は必要資本コスト率10％より大きい－ので設備投資が正のＮＰＶを生じ，採択されます。

内部利益率法の利点

1 この方法は業績測定として利子率を与え，経営管理者は現在の利子率を内部利益率が超えていればプロジェクトを容易に採択できます。
2 要求される利子率と内部利益率は独立であり，プロジェクトの特徴として内部利益率が算定されます。

6　新しい設備投資経済計算の考え方

　前述した設備投資の経済計算の手法や評価指標は設備投資そのものを対象にしていました。しかし，実際に企業や各事業部が設備投資を決定する場合には，**設備投資後の業績評価**を検討する必要があります。すなわち，設備投資による現金流出額を将来の企業活動による現金流入額が上回り，**価値創造**に貢献できるかどうかが**設備投資意思決定**の重要なポイントとなります。

　こうした考え方に立って，これ以降では設備投資に端を発する事業部および企業全体の設備投資評価，業績評価について考えてみましょう。

　企業は設備投資を始めとして，企業全体の価値創造を意図して経営活動を行っています。次の図は価値創造に至るまでの**企業活動のプロセス**を示したものです。第1段階は売上の増大であり，このためには品質管理，ブランド価値の維持，プランニングの適時性，革新の追求，経営戦略の効果性が求められます。第2段階は利益の確保であり，資産の効率的運用，コスト削減，プロセスの改善などがこれに貢献します。第3段階では第1，第2段階を踏まえて最終的に企業は価値創造を計画します。その評価方法としてＥＶＡ（EVA：Economic Value Added：**経済的付加価値**，後述）があります。

価値創造ピラミッド

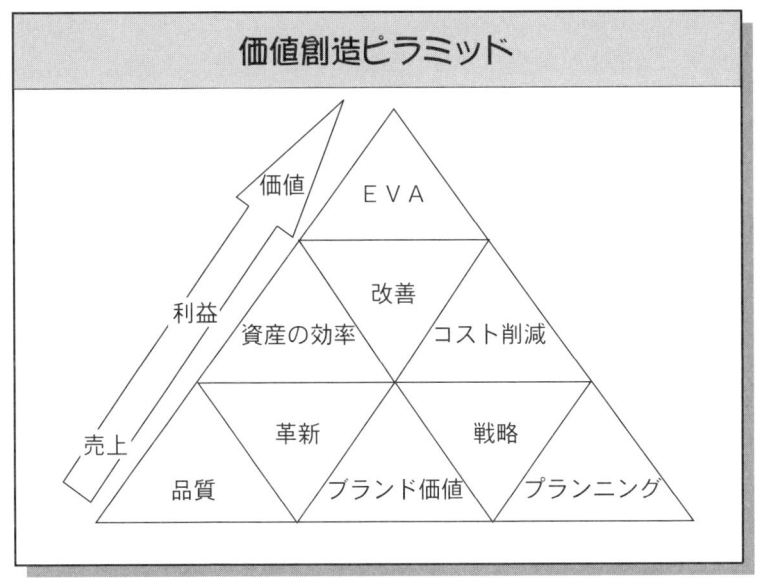

```
        価値    EVA
              改善
    利益  資産の効率  コスト削減
           革新    戦略
売上    品質  ブランド価値  プランニング
```

「EVA創造の経営」,G.ベネット・スチュワート,Ⅲ,東洋経済新報社,p.11.

　EVAの評価視点は第1に企業内部からの革新や改善戦略等による企業価値の増加であり，第2にはM&A等による企業価値の増加と資本市場における外部投資家によるEVA指標の向上です。

　結論的にいえば，企業の内部利害関係者および外部利害関係者である投資家，債権者に対して，EVAは経営の安全性，利益性および成長性を客観的に計測できる**キャッシュ・フロー**を通じて計測される**評価指標**と考えられます。

　設備投資の評価方法として，これまで述べた代表的な業績評価指標のほかに**投下資本収益率（ROI），資産収益率（ROA），自己資本収益率（ROE），残余利益（RI）**などを取り上げます。次に，管理会計的視点からプロセス改善やコスト削減効果による活動が企業全体の効率

化を通じて最終的には企業価値の増加をもたらすという視点からＥＶＡの定義，測定構造，機能・特徴について検討してみましょう。

近年，多くの企業が新しい設備投資評価指標および業績評価指標の開発と適用を進めており，事業活動に使用される資本を上回る水準の利益を得て，事業価値が創造されるという考えが一般的に認知されるようになってきました。この代表的な評価指標の１つがＥＶＡです。

しかし，価値創造を実現するためには評価指標が個々の営業・生産・販売活動の管理者とリンクし，業務活動の改善が評価指標の向上となって**目に見える形**で末端の組織構成員に表示され，結果として事業全体の業績向上をもたらすことが望ましいと言えます。

一般的に，ＲＯＩ，ＲＯＥ，ＥＶＡ等のトップダウンによる**評価指標**は**貸借対照表（Ｂ／Ｓ）の貸方（負債＋資本）を中心とした見方**であり，**現場での改善活動やコスト削減活動**は借方（資産）側を基準とした具体的な活動には効果的ではないと言われています。このような評価指標を具体的な経営管理活動に変換する必要がありますが，現実的には下記に掲げるような問題が発生しています。

① 事業部門や連結子会社は従来通り**損益計算書（Ｐ／Ｌ）を中心に業績評価**を実行し，Ｂ／Ｓの有する経営情報が活用できていない。
② Ｂ／Ｓ借方を重視する経営の意味づけと具体的な評価指標の適用が事業部門や経営階層に浸透せず，経営現場で具体的にこれらの指標を活用する方法が定まらない。
③ ＲＯＥ，ＥＶＡおよびキャッシュ・フローが評価指標となっていますが，具体的な経営行動と評価指標の関連づけが明確ではないようです。ＲＯＥ，ＥＶＡおよびキャッシュ・フローを向上するには

Chapter 9　設備投資の経済計算

経営階層ごと毎の業務改善に具体的にどう適用したらよいのかが明確に示されていません。

④　ＲＯＥ，ＥＶＡおよびキャッシュ・フローが評価ツールとして活用されず，**経営管理手法として体系化されていません。**

トップダウンによるこれらの業績評価指標の効果的な運用を担保し，Ｂ／Ｓの効率的運用と利益増加およびＲＯＥ，ＥＶＡ，キャッシュ・フロー増大の目標に向けて，経営現場にわかりやすいＰ／Ｌ中心の経営活動を評価する指標に変換することが重要です。具体的には以下のように考えられます。

①　**利益，ＲＯＥ，ＥＶＡ，キャッシュ・フローを各経営階層の目標・計画に変換**し，実行フェーズでの目標値に置き換えます。
②　**比率であるＲＯＥは金額換算してＰ／Ｌ数値や部門損益に置き換える。**キャッシュ・フローやＥＶＡは金額数値で表現されるため，現場での管理目標として使いやすいといえます。
③　ＲＯＥ，ＥＶＡ，キャッシュ・フロー等の目標値を達成するために必要な**利益，資産と各経営階層の経営・業務活動の因果関係が明確に表示**されている必要があります。すなわち，評価指標と各活動のドライバーが物量や時間などの非財務指標と関連づけられることが必要です。
④　ＲＯＥ，ＥＶＡの計算には**資本コストが重要な要素**となります。資本コストをＢ／Ｓ貸方側の合計ではなく，これを構成する在庫，売上債権，固定資産その他に分解することにより具体的な経営活動との因果関係が明確になります。

7　EVAとは？

(1)　EVAの定義

　EVAはG.ベネット.スチュワート，IIIとジョエル.M.スターンが1982年設立したスターン・スチュワート社(Stern Stewart & Co.)で**フリーキャッシュ・フローの概念**に基づき開発された登録商標です。

　企業の価値創出を計測する代表的な業績評価尺度は主として投下資本と利益とを比較する「**投下資本利益率**」(Return On Investment)と利払前営業利益から資本コストを控除する「**残余利益**」(Residual Income)とに大別され，EVAは後者に属する業績評価指標と考えられます。EVAは以下の式で表すことができます。

```
ＥＶＡ＝税引後純営業利益－加重平均資本コスト率×使用総資本

  税引後純営業利益：NOPAT（Net Operating Profit After
                          Tax，金額）
                  損益計算書上の営業利益＋種々の費
                  用調整額
  加重平均資本コスト率：WACC（Weighted Average
                          Cost of Capital，%）
```

　＊　EVAの計算過程で使用されるNOPATは財務諸表上の営業利益ではなく，キャッシュ・フローで測定される金額です。上記の式は簡略化された表示です。

　EVAは企業が事業に投資したキャッシュ・フローから創出された価値が，株主や銀行から調達した事業資金の調達コストを賄い，さらに余

剰価値がどの程度存在するかを測定する指標です。ＥＶＡがプラスであれば株主や債権者の**期待以上の価値を創出**したことになりますし，EVA**がマイナス**ならば資本が効果的に運用されず**資本価値の棄損**を招いていることを示し，不採算事業からの撤退などの改善によりＥＶＡのプラス化を図る必要があることになります。

前述のＥＶＡの式を変形すると，以下のようになります。

$$EVA = \left(\frac{税引後純営業利益}{使用総資本} - 加重平均資本コスト率\right) \times 使用総資本$$
$$= (資産利益率 - 加重平均資本コスト率) \times 使用総資本$$
$$= (ROA - WACC) \times 使用総資本$$

※ 〔ROA−WACC〕をＥＶＡスプレッドと呼びます。

(2) ＥＶＡの測定

ＥＶＡは前述の式で算定できますが，実際の計算はもっと複雑です。というのは真の経済価値を見積もるためには減価償却費や資産評価の方法などをよりキャッシュ・フローに近似する額に調整する必要があるためです。また，**加重平均資本コスト率**の測定も厳密には**実効税率の影響**を考慮する必要があります。

有利子負債のコストは支払利息（営業外費用）として損益計算書に費用計上されますが，これらは税法上損金として処理されるため節税効果があり，資本コスト測定から税金分を除く必要があります。

ＥＶＡの計算はNOPATが測定できればよいわけですが，2つの理由からこれを測定するのは容易ではありません。第1は，分析者はNOPAT

を計算するためにＥＶＡ用に変換した見積Ｐ／Ｌを作成し直す必要があります。このため**会計的利益計算構造をNOPATの概念と合わせた組み替えＰ／Ｌが必要**となります。第２は**会計上の利益はキャッシュ・フローを基準とした経済的利益を表すには不完全な尺度**といえます。というのは，自己資本のコストは明示的にＰ／Ｌに現れず，ＥＶＡによる企業評価をゆがめる原因になる可能性があります。

ＥＶＡはNOPATを測定する必要がありますが，**NOPATを簡便的に測定する方法**があります。簡便法による事例を見ると，次のようになります。

売　　　　上	3,400	百万円
売 上 原 価	2,000	
売上総利益	1,400	
販　売　費	160	
一般管理費	300	
税・償却費控除前利益（EBITD）	940	
減価償却費（Dp）	200	
税引前利益（EBIT）	740	
利　　子（Ｉ）	140	
税引前純利益	600	
税　　金（ｔ：40％）	240	
税引後純利益	360	

① 借入金が存在しない企業または事業部門

$$\begin{aligned} \text{NOPAT} &= \text{EBITD} - 税金 \\ &= \text{EBITD} - 税率 \times (\text{EBITD} - 減価償却費) \\ &= \text{EBITD} \times (1 - 税率) + 税率 \times 減価償却費 \\ &= \text{EBITD}(1-t) + tDp \\ &= 940(1-0.4) + 0.4 \times 200 \end{aligned}$$

$$=564+80=644$$

② 借入金が存在する企業または事業部門

$$\begin{aligned}\text{NOPAT}&=\text{EBITD}-\text{税金}\\&=\text{EBITD}-\text{税率}\times(\text{EBITD}-\text{減価償却費}-\text{利子})\\&=\text{EBITD}\times(1-\text{税率})+\text{税率}\times\text{減価償却費}+\text{税率}\times\text{利子}\\&=\text{EBITD}(1-t)+tDp+tI\\&=\text{①のNOPAT}+0.4\times140\\&=644+56=700\end{aligned}$$

　ＥＶＡの測定に関して結論から言えば，ＥＶＡは会計上の歪みを正常化し，**キャッシュ・フローという共通の尺度で企業価値を示したもの**であり，**客観的である**という利点があります。しかし，前述のように，ＥＶＡは企業活動の結果示される**公表財務諸表のＰ／Ｌにおける「会計上の利益」とは乖離した概念**です。このため，ＥＶＡ変換の調整プロセスが複雑であり，ＥＶＡ算出を困難にしたり，誤解を生む計算結果をもたらすこともあります。例えば，スターン・スチュワート社は企業の実態に適合して，正確なＥＶＡを算出するためには公表財務諸表を基礎に5から15カ所の調整が必要であると指摘しています。

(3) ＥＶＡの特徴

　なぜＥＶＡが企業業績の評価指標として注目されるかという理由については，以下の3点が考えられます。

　第1は前述したように，**ＥＶＡがキャッシュ・フローを基礎に，会計上の歪みを是正した客観的な評価指標**だと言うことです。第2は**資産の有効活用を重視した指標**だと言うことです。計算式から，ＥＶＡは営業利益が資本コストを上回って算出されるので，営業効率の追求だけでなくＢ／Ｓの貸方側（負債・資本）が効率的に管理され，運用されないと結

果としてのEVA増加が見込めません。この意味で，EVAはP/LとB/Sの効率性を示す効果的な連結指標と言えます。第3は**EVAが企業全体，事業部門だけでなく個別プロジェクトの意思決定基準にも応用できる**ことです。このため，事業部の拡大，撤退などの意思決定，投資意思決定，資金調達方法の変更などがどのように株主価値に影響を与えるかがEVAで判断することが容易にできます。

(4) EVAの適用事例

経営各階層に分かりやすく，価値創造の指標としてEVAを各社では次ページの表に示すようにさまざまな業績評価指標を作成しています。これら指標の特徴として，①**金額表示**により経営各階層や各部門にも分かりやすく説得的である，②業績向上をもたらす活動と指標のドライバーの**因果関係**が定められ，資源の効率的な運用が可能となる，③企業内部および外部の**利害関係者に分かりやすい**，などがあげられます。

経営各階層に分かりやすい評価指標例

企業名	指標名	算出方法
HOYA	SVA (株主付加価値)	SVA＝総資産×(総資産利益率 　　　　　　　－加重平均資本コスト率)
松下電器産業	CCM (キャピタル・コスト・マネジメント)	CCM＝事業利益－投下資産コスト 投下資産コスト 　＝投下資産×投下資産コスト率 投下資産＝総資産－金融資産，投下資産コスト率は株主資本コストに負債利子率を加味して決定。全社ベースで算出し，各部門に一律適用。
住友商事	リスクリターン	リスクリターン 　＝$\dfrac{連結フリーキャッシュ・フロー}{連結リスクアセット}$ 目標とするリスクリターンの水準を資本コストに基づき設定。 連結フリーキャッシュ・フロー＝税引前純損益＋減価償却費－新規投資 連結リスクアセット＝Σ連結資産残高×事業リスク係数

日経ビジネス　2000年1月24日号，p.54.

各社での個性的な評価指標が経営活動を改善し，組織構成員の意識を変えるような実効的な評価メカニズム構築に役立っています。企業経営の全ての局面で，PLAN－DO－SEE－ACTIONのマネジメント・サイクルが働き，同一の評価指標が適用されます。

(5) **評価指標の事例**

設備投資を含む価値創造のための具体的な評価指標はさまざまありますが，例えばA社では次ページの表のように経営階層ごとに以下の指標

を使い分けています。

	AVA A社版 経済付加価値	ROE 株主総資本利益率	ROA 総資産利益率	ROI 投下資本利益率	粗利益
取締役	○	○	○	○	○
執行役員	○	○	○	—	○
部　　長	○	○	○	—	○
社　　員	—	—	—	—	○

A社の業績評価指標

日経ビジネス　2000年1月24日号，p.51.

　A社ではEVAやROEを社員教育やモチベーションのための評価尺度として利用しています。現場の社員に分かりやすく，単純で実質的な儲けを示す**粗利益**がどの経営階層にも適用され，業績評価の基礎として機能しています。この上で，経営階層別に経営指標を変更し，事業の採算性に責任を有する部長以上の役職者がAVA（ここでAVAとはA社版のEVAを表します），ROE，ROAで業績を評価します。AVAの期待収益率は資本調達コストを適用しますが，AVAにだけ注目すると経営資源の過剰投入や過大設備投資が起きる可能性があるために，A社ではROEやROAなどの資本効率性を測る指標も同時に活用しています。

8　ROI, ROA, ROEとは？

(1) 投下資本利益率，投資収益率（ＲＯＩ：Return On Investment）

投資収益率は財務諸表分析，投資意思決定，業績評価において基本指標として最も一般的に利用される指標です。投資収益率は大別して２つあります。１つは単純投資収益率であり，これは投下される資本に対しどれだけの利益を獲得するかについての割合を表示した指標であり，会計的利益で計測され，実務的に分かりやすいものです。

$$\mathrm{ROI} = \frac{利益}{投下資本} \times 100\%$$

分子の利益は一般的には**営業利益**が使われ，分母の投下資本には**平均使用総資本**が使われます。これは，経営分析で使われる**総資本営業利益率**と同義です。分子はこれ以外に経常利益，当期利益が使われる場合も多く，分析目的に対するヴァリエーションも多い指標です。ＲＯＩは以下のように利益率と回転率に分解することができます。

$$\mathrm{ROI} = \underset{(売上高営業利益率)}{\frac{営業利益}{売上高}} \times \underset{(総資本回転率)}{\frac{売上高}{平均使用総資本}} \times 100\%$$

ＲＯＩを**利益率と回転率に分解**し，各事業部門の設備投資，業績評価および収益改善に最初に役立てたのは1910年代のデュポン社が嚆矢でした。利益率は主としてＰ／Ｌ指標の改善，回転率は適正なＢ／Ｓ水準の決定などに利用され，この指標は後述するように種々のヴァリエーションを生み出しながら，現在でも広く有効活用されています。

もう１つの方法は現金流入額から計算する方法で，以下のように表すことができます。

$$ROI = \frac{\frac{増分現金流入額合計 - 投資額}{計画年数（または償却年数）}}{投資額}$$

$$= \frac{年平均増分現金流入額 - 減価償却費}{\frac{投資額 - 残存価額}{2}}$$

ＲＯＩの利点は組織全体や事業単位に対し，設備投資額に対する売上高，費用，利益などのフローと資産に関するストックとの効率的な組み合わせを示し，資産サイドへの具体的な改善活動や資源の効率運用を明示する尺度を提供することでした。しかし，この指標が**会計的利益を基準**とするため，**キャッシュ・フローとの乖離**が生じる，貨幣の時間価値を無視する，事業部の短期的な利益を優先しがちである等の欠点も指摘されています。

⑵　ＲＯＩのヴァリエーションとしての**資産収益率**（ＲＯＡ：Return On Asset），**自己資本収益率**（ＲＯＥ：Return On Entity）

資産収益率（ＲＯＡ）は以下の式で表すことができます。

$$ROA = \frac{利益}{総資産} \times 100\%$$

分子の利益はＲＯＩと同様に**営業利益**ですが，**税引後純営業利益**とする場合もあります。分母が総資産であれば，ＲＯＡはＲＯＩと一致しま

Chapter 9　設備投資の経済計算

す。また実際の事業上の稼働資産を分母と考えれば、**経営資産（流動資産＋固定資産－建設仮勘定－投資等）** と考えることもできます。

　株主の持ち分に対し、どのくらいの利益が生み出されたかを図る尺度が**自己資本収益率（ROE）** です。ROEは**当期利益（税引き後利益）を株主資本（自己資本）** で除して得られます。ROEは以下の式で表され、**株主資本収益率**とも呼ばれます。

$$ROE = \frac{当期利益}{自己資本} \times 100\%$$

　ROI、ROAによる設備投資および業績評価指標にかかわる問題点は以下のように要約されます。

① **部分最適化**
　　事業部の利益最大化を目指して行う投資が、企業全体の利益率の最大化をもたらさない可能性があります。

② **短期的指向**
　　短期的利益を最大化することを目指し、将来の収益源となる設備投資やR＆D投資を削減、縮小する可能性があります。

③ **判断基準の曖昧さによる事業部業績の比較可能性**
　　事業部単体での評価が難しく、何らかの目標ROI、ROAが必要とされます。

④ **評価データとして使われる会計データ処理の統一性、技術上の問題**

9 RIとは？

(1) RI（レシデュアル・インカム）の特徴

1950年代にゼネラル・エレクトリック社（GE）で開発されたRIがあります（CHAPTER1の8を参照）。GE社では製品多角化戦略に対応できる組織として事業部制を採用していました。この事業部評価で採用された業績指標は，**収益性，市場地位，生産性，製品リーダーシップ，人材開発，従業員の勤怠，社会責任，長期／短期経営目標のバランスの8項目**であり，中でも**収益性**が最も事業部の業績評価に重要視されていました。この基準がRIで，GEがRIを採用したのには以下の理由があります。

① 全部門共通な指標
② 利益中心点の評価指標
③ 意思決定の結果が資本コストをカバーして利益がでるか
④ 金額という単純な尺度
⑤ 価値創造する経営管理の実行

RIは当該事業部の営業利益額から付加原価として計算された資本コストを差し引いて計算されます。

```
RI＝営業利益－資本コスト
```

(2) 資本コスト

A事業部はROI，B事業部はRIによって業績評価が実施されているとしましょう。2事業部の会計情報は以下の通りです。

Chapter 9 　設備投資の経済計算

単位：100万円

	A事業部	B事業部
① 営業利益	25,000	25,000
② 資産額の16％の付加利子	—	16,000
③ 営業資産	100,000	100,000
ROI	25％	
RI		9,000

　B事業部はRIがプラスである限り追加投資プロジェクトを続け，これが全社的な利益額の増加をもたらします。一方，**A事業部で追加投資プロジェクトの利益率が20％と見積もられる場合，A事業部長はどのような意思決定をするのでしょうか？**

　全社的に言えば，16％を超える利益率が見込める計画は全社利益を増大させるのでトップマネジメントはこの追加投資プロジェクトを採択してもらいたいと考えます。しかし，A事業部長はこれを採択することで自部門のROIが25％の目標を下まわる可能性があるため，追加投資プロジェクトを拒否したいと考えます。

　つまり，**利益率の高い事業部での追加投資意思決定は全社業績の向上とは相反する意思決定が見られる場合があり**，このような場合にはRIの評価法が優れているというわけです。しかし，RIだけでは過剰設備投資を実行してしまう危険もあり，実際には両者の指標を設備投資計算に使用するケースが多く見受けられます。

　RIによる評価の利点および問題点をまとめると，次のようになります。

ＲＩの利点と問題点

利　点
① 全体最適への指向
　　残余利益が正であるプロジェクトを全て採用すれば，事業部のＲＩが極大化し，特定事業部の利益を妨げることはありません。
② 長期的な利益指向
　　資本コストを上回るプロジェクトの採用で長期的な利益指向が可能となります。
③ 分かりやすい指標
　　ＲＩが金額で表示され，事業部長が目指す売上目標や原価削減目標が明確になります。

問題点
① 安易な事業規模の拡大
　　ＲＩが正のプロジェクトを制限なく採用すると，過剰な設備投資により事業部の規模が安易に拡大し将来のリスクが増加することにもなります。
② ＲＩの比較可能性
　　ＲＩは金額で評価されるが，事業規模の異なる事業部評価は，目標残余利益等の概念を導入し，達成率などの数値から規模の補正が必要となります。
③ 資本コスト決定
　　ＲＩの重要な問題は資本コストの決定です。資本コストの変化は事業部の業績評価に大きく影響します（Chapter 1 参照）。

☆ 「わしづかみシリーズ」企画・監修 ☆

神奈川大学名誉教授　田中　弘

「会計」は，街角のパン屋さんでも，駅前のレストランでも使う技法ですから，本来は，「**誰にでもわかる**」，「**誰でも使える**」技術のはずです。

それが，最近では，企業の経済活動が複雑になり，それに合わせて会計も複雑でわかりにくいものになってきました。

このシリーズでは，「**簡単なはずの会計**」を「**簡単にわかってもらう**」ことを目的に，**現代の会計を「ざっくりと　わしづかみ」**できるように工夫しています。

初めて会計を学ぶ皆さんには，きっと，新しい世界を識るだけではなく「**使える会計知識**」が身に付くと思います。

公認会計士や**税理士**を目指している皆さんや，大学などで会計学を勉強している皆さんは，**会計の全体像や会計基準の根幹を短時間でマスター**することができると思います。

本書は特に，企業経営者や管理職の皆さんのために「経営（管理）のための基礎的な会計知識と技法」を紹介するものです。

ぜひ，本書で，現代の管理会計を「**わしづかみ**」して，学習や事業に役立ててください。

著者のプロフィール

溝　口　周　二（みぞぐち　しゅうじ）（CHAPTER 1, 3, 9）
　横浜国立大学名誉教授
　経営学修士（横浜国立大学）
　2009年4月から2015年3月まで横浜国立大学理事（教育担当）副学長
　2015年4月から2019年3月まで横浜国立大学成長戦略センター客員教授，中央大学商学部非常勤講師
　2017年11月から現在まで宇都宮大学監事
　　主要著書は『情報化戦略の進化とコスト・マネジメント』（税務経理協会）
　Shuji Mizoguchi, "Strategic Cost Management on IT Investment", Value-Based Management of the Rising Sun, *World Scientific*, Apr. 2006, pp.411-424.
　Shuji Mizoguchi, "An Empirical Study of Information System (IS) Investment Evaluation Process in Japanese Companies", *Economic Dynamism and Business Strategy of Firms in Asia-Some Recent Developments*, China EconomicPublishing House
など。
「急がばまわれ」がモットー。趣味は散歩，ワイン，ウェイト・トレーニング。

奥　山　　　茂（おくやま　しげる）（CHAPTER 4, 5, 7, 8）
　神奈川大学経済学部教授
　神奈川大学大学院博士課程単位取得退学
　　主な著書に『通説で学ぶ財務諸表論』（共著），『財務諸表論－理論学習徹底マスター』（共著），『明解　簿記・会計テキスト』（共著），『連結財務諸表ハンドブック』（共訳）など。
　　「一意専心」がモットー。趣味は，音楽・映画・古典芸能鑑賞，スポーツ観戦。

田　中　　　弘（たなか　ひろし）（CHAPTER 2, 6）
　神奈川大学名誉教授・博士（商学）（早稲田大学）
　早稲田大学商学部卒業後，同大学院博士課程修了。
　　主な著書に『新財務諸表論』『「書斎の会計学」は通用するか』『会計グローバリズムの崩壊―国際会計基準が消える日』（以上，税務経理協会）など。
　　「遊んだ分だけ仕事をする」がモットー。趣味は，スキー，テニス。

著者との契約により検印省略

平成22年4月1日　初版第1刷発行	わしづかみシリーズ
平成28年4月1日　初版第2刷発行	**管理会計を学ぶ**
令和3年1月1日　初版第3刷発行	

著　者		溝　口　周　二
		奥　山　　　茂
		田　中　　　弘
発行者		大　坪　克　行
印刷所		税経印刷株式会社
製本所		牧製本印刷株式会社

発行所　東京都新宿区　株式会社　**税務経理協会**
　　　　下落合2丁目5番13号
郵便番号 161-0033　振替 00190-2-187408　電話(03)3953-3301(編集部)
　　　　　　　　　FAX(03)3565-3391　　　　(03)3953-3325(営業部)
URL　http://www.zeikei.co.jp/
乱丁・落丁の場合はお取替えいたします。

Ⓒ 溝口周二・奥山　茂・田中　弘 2010

本書の無断複写は著作権法上での例外を除き禁じられています。複写される場合は，そのつど事前に，(社)出版者著作権管理機構（電話 03-3513-6969,FAX 03-3513-6979, e-mail：info@jcopy.or.jp）の許諾を得てください。

JCOPY ＜(社)出版者著作権管理機構 委託出版物＞

Printed in Japan

ISBN978-4-419-05429-8　C3034